세상에서 가장 위대한
위인들의 편지

세상에서 가장 위대한
위인들의 편지

2025년 3월 20일 초판 1쇄 인쇄
2025년 3월 30일 초판 1쇄 발행

글 | 오주영
그림 | 영민

발행인 | 정동훈
편집인 | 여영아
편집 | 김지현, 김학림, 김상범, 변지현
디자인 | 김지수, 디자인플러스
제작 | 김종훈, 한상국
발행처 | ㈜학산문화사

등록 | 1995년 7월 1일 제3-632호
주소 | 서울 동작구 상도로 282 학산빌딩
전화 | 편집 문의 02-828-8871, 8823 영업 문의 02-828-8962
팩스 | 02-823-5109
홈페이지 | www.haksanpub.co.kr

ⓒ오주영, 영민 2025

ISBN 979-11-411-5491-2 73990

※KC마크는 이 제품이 공통안전기준에 적합하였음을 의미합니다.
※잘못된 책은 바꾸어 드립니다.

세상에서 가장 위대한
위인들의 편지

글 오주영 | 그림 영민

학산문화사

머리말

누가 보낸 편지일까요?

저벅저벅! 누구의 발소리일까요?

즐거운 소식, 반가운 소식을 전해 주는 우편배달부입니다.

우편배달부의 커다란 가방 안에는 갖가지 편지가 담겨 있어요.

기쁨의 편지, 배려의 편지, 용기의 편지, 소망의 편지…….

편지에는 쓰는 사람과 받는 사람이 있어요.

쓰는 사람은 받는 사람을 떠올리며

한 줄 한 줄 종이를 채워 나가요.

받는 사람은 쓴 사람의 마음을 생각하며

한 줄 한 줄 읽어 나가요.

도타운 마음, 반가운 마음, 설레는 마음,

격려의 마음, 아쉬운 마음, 그리운 마음…….

편지는 쓰는 사람의 가슴에도,

받는 사람의 가슴에도 반짝이는 잔물결을 만듭니다.

이 책에는 역사 인물들과

평범한 이들의 진솔한 편지가 들어 있어요.

산타클로스를 믿어도 되는지 헷갈리는 아이에게 보낸 편지,

감기 걸린 대통령에게 아이가 보낸 위문편지,

이순신 장군이 사촌 형님에게 쓴 감사의 편지,

'천지창조'를 그린 미켈란젤로가 쓴 투덜투덜 시 편지,

노예였던 흑인이 옛 주인에게 쓴 임금 청구 편지,

화산으로 폭발한 폼페이의 상황을 생생히 담은 편지 등······.

이 편지들을 책 한 권에 담아

여러분의 마음 편지함에 배달합니다.

기쁨을 담아 보내는 편지

1. 산타클로스는 있단다 신문사 편집자가 한 소녀에게 · 12

2. 우리 손자 이마는 넓으니, 튀어나왔니? 박지원이 첫째 아들에게 · 18

3. 당신의 편지에 몇 번이나 뽀뽀했게요? 모차르트가 아내에게 · 21

4. 살아가는 건 선물이자 행복이야 도스토옙스키가 형에게 · 28

5. 엠마, 나는 복권에 당첨됐어요! 찰스 다윈이 연인에게 · 32

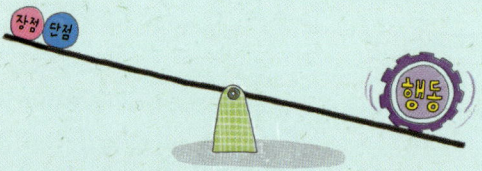

배려를 담아 보내는 편지

1. 자네의 글은 무르익지 않았어 편집자가 안데르센에게 · 38

2. 머리뼈로 성격을 알 수 있을까요? 마크 트웨인이 한 신사에게 · 42

3. 하나의 단점만 보지 말아 주세요 강정일당이 남편에게 · 46

4. 화가여, 돈은 떠나도 명예는 머뭅니다　　레오나르도 다빈치가 화가에게 · 49

5. 소를 함부로 죽이지 말아라!　　무굴 황제 바부르가 아들에게 · 52

우정을 담아 보내는 편지

1. 형님, 절 못 알아보실걸요?　　이순신이 친척 형님에게 · 58

2. 모자에 꽃을 달까, 깃털을 달까?　　제인 오스틴이 언니에게 · 62

3. 물감 방울이 얼굴에 뚝뚝 떨어지는군　　미켈란젤로가 친구에게 · 66

4. 시베리아에는 오래된 코끼리 뼈가 있어요!　　예카테리나 2세가 볼테르에게 · 70

5. 증기선 덕에 강은 보물 창고가 될 거야　　로버트 풀턴이 친구에게 · 75

변화를 담아 보내는 편지

1. 행운은 쉽게 등을 돌릴 수 있단다 〰 마리아 테레지아 왕비가 딸 마리 앙투아네트에게 · 82

2. 입이 너무 가벼운 것 아닌가? 〰 정조가 우의정에게 · 87

3. 뻔뻔한 옛 주인 나리께 〰 노예였던 조던 앤더슨이 옛 주인에게 · 90

4. 벌거벗은 어린아이 그림이 위험을 부를까요? 〰 그림책 편집자가 도서관 사서에게 · 96

5. 아편을 팔다니, 여왕의 나라에는 양심이 있나요? 〰 임칙서가 영국 여왕에게 · 99

용기를 담아 보내는 편지

1. 화산에서 불덩이가 솟았고 화산재가 마을을 덮쳤어 〰 플리니우스가 친구에게 · 106

2. 죽음이 런던을 휩쓸고 있습니다 〰 새뮤얼 피프스가 동료의 부인에게 · 112

3. 천연두를 피할 수 있다면 믿겠니? 〰 메리 워틀리 몬터규가 친구에게 · 116

4. 무화과나무에 다시 잎이 돋을까요? 〰 메리 울스턴크래프트가 연인에게 · 120

5. 사랑한다고 말하는 건 어려워! 〰 샬롯 브론테가 친구에게 · 124

소망을 담아 보내는 편지

1. 채소를 먹으면 건강해져요! 〰 8살 아이가 닉슨 대통령에게 · 130

2. 재능을 꽃피우려면 배움이 필요하단다 〰 제갈량이 아들에게 · 133

3. 여보, 꿈에서라도 나에게 와 줘요 〰 조선 시대 미망인이 남편에게 · 136

4. 써야 할 글이 있기에 괴로움을 참습니다 〰 사마천이 친구에게 · 141

5. 당신이 사랑하는 일을 따라가세요 〰 헨리 데이비드 소로가 친구에게 · 146

인물 소개 · 151

※이 책에 수록된 편지는 실제 편지의 내용과 형식을 어린이들이 이해하기 쉽게 현대적으로 재해석하여 축약하고 정리한 것으로, 작성자에 따라 형식이 다를 수 있습니다.

기쁨을 담아 보내는 편지

1. 산타클로스는 있단다
✉ 신문사 편집자가 한 소녀에게

2. 우리 손자 이마는 넓으니, 튀어나왔니?
✉ 박지원이 첫째 아들에게

3. 당신의 편지에 몇 번이나 뽀뽀했게요?
✉ 모차르트가 아내에게

4. 살아가는 건 선물이자 행복이야
✉ 도스토옙스키가 형에게

5. 엠마, 나는 복권에 당첨됐어요!
✉ 찰스 다윈이 연인에게

1. 산타클로스는 있단다
✉ 신문사 편집자가 한 소녀에게

버지니아, 산타클로스가 없다고 한 네 친구들이 틀렸어.

그 애들은 보이는 것만 믿는가 보구나.

자기가 이해할 수 없는 일들이란 없다고 생각하는

작은 마음을 가진 거야.

버지니아, 아이들이나 어른들이나 다 작은 마음을 가지고 있어.

우리가 살고 있는 거대한 우주에서 인간의 지성이란 너무나 작지.

작은 개미처럼 말이야.

버지니아, 산타클로스는 있단다.

산타클로스는 사랑과 관용, 헌신과 마찬가지로 세상에 존재해.

세상에는 눈에 보이지 않지만 존재하는 것들로 가득하고,

그것들은 네 삶에 최고의 아름다움과 기쁨을 줄 거야.

산타클로스가 없는 세상은 얼마나 쓸쓸할까?

버지니아, 산타를 믿는 사람이 아무도

없는 세상을 상상해 봐.

믿음도 없고 시도 없고 낭만도 없는 세상에

있는 거라곤 고작해야

직접 만질 수 있는 것,

볼 수 있는 것뿐이겠지.

어린 시절을 반짝이게

하는 찬란한 빛도

사라지고 말 거야.

산타클로스를 붙잡으려고

아빠에게 부탁해 굴뚝 감시원을 구할 수도 있지.

그들이 산타클로스가 내려오는 걸 보지 못했다고 한들

그걸로 증거를 삼을 수 있을까?

산타클로스를 본 사람이 없다고 해서

산타클로스가 없다는 증거가 되는 건 아니야.

세상에서 가장 진실한 것은 눈으로 보지 못해.

풀밭에서 춤추는 요정을 보았니?

보지 못했다고 없다는 증거로 삼아야 할까?

세상에 보이지 않고 볼 수 없는 모든 경이로운 것들은

상상으로도 다 그려 낼 수 없어.

아기의 딸랑이를 뜯어내면

안에서 무엇이 소리를 내는지 확인할 수 있어.

하지만 세상에 보이지 않는 것들을 덮고 있는 베일은

아무리 힘센 사람도 젖힐 수 없단다.

오직 믿음과 상상, 시, 사랑, 낭만이 있어야

베일을 걷고 그 너머의 아름다움을 만날 수 있어.

그게 진짜냐고?

버지니아, 세상에 그보다 진짜인 건 없단다.

산타클로스가 없다니!

산타클로스는 영원히 살아가.

천 년 뒤에도, 만 년 뒤에도 산타클로스는

어린이들의 마음을 기쁘게 할 거란다.

기쁨을 담아 보내는 편지 1

1897년, 버지니아라는 소녀가
뉴욕의 '선' 신문사 편집자에게 한 통의 편지를 보냈어요.

신문사 편집자님.
저는 여덟 살이에요. 친구들이 산타클로스는 없대요.
아빠는 "신문에서 보는 대로지."라고 하세요.
저에게 꼭 진실을 알려 주세요.
산타클로스 할아버지는 있나요?

소녀와 산타클로스를 믿는 세상의 모든 아이에게
기쁨을 주고 싶었던 편집자는
신문에 답장을 실었어요.
그게 바로 앞의 편지 '산타클로스는 있단다'예요.

사랑, 우정, 꿈, 믿음, 신뢰……
진짜 가치 있는 것들은
눈에 보이지 않아요.
누군가를 기다리는 기쁨,
소중한 사람을 그리워하는 마음,
세상의 잘못에 맞서는 용기,
모두 마음으로 볼 때 더 선명하게 보입니다.
여러분은 산타클로스를 믿나요?
보이지 않는 것들의 찬란함을 아는 사람은
믿음이 왜 소중한지를 안답니다.

박지원
(1737~1805)
조선 후기의
실학자

2. 우리 손자 이마는 넓으니, 튀어나왔니?

✉️ **박지원이 첫째 아들에게**

아들아, 우리 손주 얼굴이 궁금하다.

네가 첫 번째 편지에 적어 보냈지.

"아기가 잘생겼습니다."

두 번째 편지는 이랬다.

"아기 얼굴이 점점 더 좋아집니다."

글을 자세히 써서 보내 주면 안 되겠니?

이마가 넓다거나, 툭 튀어나왔다거나,
모가 났다거나, 적어 줘야 내가 알지.
아기 정수리가 평평한지, 둥글둥글한지
궁금한 게 가득하다.
내가 지난번에 보낸 소고기 볶음 고추장은
잘 먹고 있니?
맛있다, 맛없다 얘기가 없으니 답답하다.
나는 그게 장조림보다 맛있더구나.
얼마 전에 너에게 보낸 고추장은
내가 직접 담근 거란다.

맛이 어땠는지 적어 보내 주렴.
그래야 계속 보내든지 말든지 하지.
그밖에 별다른 일은 없다.
괜찮으면 초여름에 한번 내려오너라.
네 동생이랑 같이 와도 좋고,
다른 누가 같이 가자고 하면
함께 오려무나.

기쁨을 담아 보내는 편지 2

《열하일기》를 쓴 연암 박지원은 고을을 다스리는 원님이 되어
가족과 떨어져 지냈어요. 그러던 어느 날 첫 손자가 태어났답니다.
할아버지가 된 박지원은 기쁨에 넘쳐
아들에게 손자에 대해 자세히 좀 적어 달라고 합니다.
이마가 튀어나왔는지, 정수리가 둥글둥글한지……
막 태어난 손자가 너무 궁금합니다.

할머니 할아버지에게 손자 손녀는 더없는 기쁨입니다.
손자 손녀와 한자리에만 앉아 있어도
절로 흐뭇한 웃음을 짓게 됩니다.
따뜻하게 데운 사랑을
가슴에서 꺼내고 또 꺼내 주시는
할머니와 할아버지는
든든한 나의 편입니다.

3. 당신의 편지에 몇 번이나 뽀뽀했게요?

✉ **모차르트가 아내에게**

볼프강 아마데우스 모차르트
(1756~1791)
오스트리아의 작곡가

가장 사랑하는 아내에게.

아직 드레스덴이냐고요? 그래요, 여보.

13일 월요일에 우리는 노이만의 집에서 아침을 먹고

궁정 예배를 하러 갔어요.

거기서 노이만이 궁정 음악 지휘자인 폰 케니히 씨를 소개했어요.

그분이 물었어요.

"모차르트 씨, 전하께 가서 연주할 생각이 있으신가요?"

"말씀 감사합니다. 이곳에서 오래 머물 게 아니라
어찌 될지 모르겠군요."
그렇게 이야기가 끝난 줄 알았는데 점심 식사 중에 연락이 왔어요.
14일 저녁에 궁정에서 연주를 해 달라고 하더군요.
나는 궁정으로 가 피아노 연주를 했어요.
새 디(D)*장조 협주곡을 쳤고, 다음 날에는 예쁜 상자를 선물 받았어요.
그날엔 러시아 대사인 벨로셀스키 집에서 식사하고
그곳에서도 피아노를 쳤어요.
식사 뒤에는 오르간을 연주했고, 저녁에는 오페라를 보러 갔어요.
바쁜 하루를 보내고서야 노이만의 집으로 돌아올 수 있었지요.
사랑하는 당신의 편지가 와 있는 걸 보고 얼마나 행복했는지!
그 순간 나는 가장 행복한 사람이었어요.

*장조 : 음악에서 장음계로 된 곡조.

나는 신나게 내 방으로 들어왔어요.

봉투를 열기 전에 쪽쪽 몇 번이나 뽀뽀했는지 몰라요.

읽고 뽀뽀하고 또 읽고 또 뽀뽀했지만 그러고도 모자라

편지를 안고 오랫동안 방에 머물러 있었어요.

밖으로 나오자 노이만이 물었어요.

"편지는 잘 받았어?"

"물론."

모여 있던 사람들이 축하해 주느라 떠들썩해졌어요.

내가 당신 편지를 얼마나 기다렸는지 다들 알고 있었거든요.

나는 행복한 사람

여보, 당신에게 부탁할 게 있어요.

첫째, 쓸쓸해하지 말아요.

둘째, 봄바람을 우습게 여기지 말고 건강을 잘 지켜요.

셋째, 혼자 다니는 건 위험해요.

넷째, 우리의 사랑을 굳건히 믿어 줘요.

나는 늘 당신의 어여쁜 초상화를 바라보며 편지를 써요.

다섯째, 당신과 나의 명예를 위해 자신을 아름답게 가꾸어 줘요.

마지막 여섯째, 편지를 좀 더 자세히 써 줘요.

내가 연주 여행을 떠난 뒤 가까운 이들이

우리 집에 자주 들러 주는지 궁금해요.

그럼 안녕. 내가 최고로 사랑하는 당신.

당신을 꼭 껴안고 1,095,060,437,082번의 뽀뽀를 하고 싶어요.

언제까지나.

1789년 4월 16일
드레스덴에서
당신의 가장 성실한 남편이자 친구인
볼프강 아마데우스 모차르트

기쁨을 담아 보내는 편지 3

음악 천재이자 피아니스트, 작곡가였던 모차르트는

사랑하는 사람을 만나

아버지의 반대를 무릅쓰고 결혼했어요.

모차르트는 연주 여행을 떠날 때마다

사랑하는 아내에게 뽀뽀가 가득 담긴 편지를 부쳤어요.

아내에게 받는 답장은 모차르트의 기쁨이었답니다.

사랑하는 이에게 받는 연락처럼

설레고 기쁜 일이 있을까요?

환한 햇살이 좋은 날,

살랑이는 바람에 설레는 날,

타박타박 걷기 좋은 날,

할머니, 할아버지, 엄마, 아빠,

사랑하는 이들에게 문자를 보내 주세요.

'사랑해요.'

1,095,060,437,082번의 뽀뽀만큼

행복한 문자로 간직될 거예요.

표도르 미하일로비치 도스토옙스키
(1821~1881)
러시아의 작가이자 철학자

4. 살아가는 건 선물이자 행복이야
✉ 도스토옙스키가 형에게

소중한 나의 친구, 형.

나는 조금 전까지 처형대 앞에 있었어.

함께 끌려간 여섯 친구 중 세 사람이 먼저 처형대에 묶였어.

나는 바로 다음 순서였고, 살아 있을 시간은 채 1분도 남지 않았어.

문득 형이 떠올랐어. 형, 그저 사랑하는 형만이 내 마음을 채웠어.

죽음이 다가온 바로 그때, 황제 폐하께서 우리를 살려 주시기로 했다는 명령이 내려왔어.

나는 사형 선고 대신 다른 선고를 받았어.

죄수가 되어 사 년 동안 일하고,

그 후에는 군대로 들어가 병사가 되어야 한대.

형, 우린 오늘이나 내일 감옥을 옮길 거야.

형을 만나고 떠나진 못할 것 같지만 걱정하지 마.

나는 지금 살아 있어.

감옥이면 어때? 어디서든 살 수만 있으면 돼.

거기도 사람들이 있을 테고, 나는 그 사람들 속에서 살 거야.

사람답게, 사람으로 살아갈 거야. 그게 바로 삶이니까.

죽음 앞에서 살아나니 지난날에 내가 얼마나 많은 시간을

낭비했는지 알겠어.

어떻게 살아야 한다는 생각도 못 한 채 그저 빈둥거리기만 했어.

시간을 쉽게 흘려보내는 게 내 마음과 정신에 죄를 짓는 것이란 걸

왜 몰랐을까.

어리석은 지난날을 생각하면 심장에서 피가 흐르는 기분이 들어.

살아간다는 건 선물이자 행복이야.

나는 여기서 다시 태어나고 있어.

형, 맹세해. 나는 늘 희망을 간직할 거야.

내 영혼과 마음을 지켜 나갈 거야.

전보다 더 나은 사람으로 새로 태어날 거야.

잘 있어, 형. 다시 편지할게.

편지에 뽀뽀와 포옹을 담아 보내.

나를 생각하며 마음 아파하지도, 슬퍼하지도 마.

다음 편지에는 어떻게 지내고 있는지 써 보낼게.

보고 싶은 형, 우린 곧 다시 만날 거야. 날 잊지 마.

형의 사랑을 떠올리는 게 나의 가장 큰 기쁨이야. 안녕.

1849년 12월 22일

형의 동생

표도르 미하일로비치 도스토옙스키

기쁨을 담아 보내는 편지 4

《죄와 벌》을 쓴 러시아의 소설가 도스토옙스키는 젊을 적
비밀 문학 모임에서 금지된 책을 읽었다가 회원들과 체포되었어요.
황제는 이들을 사형한다며 처형대에 세웠다가 감옥에 가두었어요.
도스토옙스키는 죽음 앞에서 살아 돌아오는 아찔한 기분을 느꼈어요.
살아 있다는 것이 얼마나 기쁜 일인지,
살아갈 시간이 주어진다는 게
얼마나 멋진 일인지 깊이 깨달았답니다.

시간은 꼭 시냇물에 떨어진 모자 같아요.
바로 붙잡으면 건질 수 있지만,
그냥 놔두면 어느새 저 멀리 흘러가고 말아요.
시간은 절대로 한곳에 머물지 않고, 되돌아오지도 않아요.
하루 자면 다음 날이 온다 해도
지난 하루가 돌아오는 건 아니에요.
시간의 소중함을 알게 되면
시간을 더 가치 있게 쓸 수 있답니다.

찰스 다윈
(1809~1882)
영국의 생물학자

5. 엠마, 나는 복권에 당첨됐어요!
✉ **찰스 다윈이 연인에게**

사랑하는 엠마.

나는 이기적인 사람입니다.

당신이 내 아내가 되길 바라요.

나는 좋아하는 물건에 푹 빠진 어린아이처럼

사랑하는 당신만을 생각하고 있어요.

당신에게 부탁합니다.

이 편지를 누구에게도 보이지 말아 주세요.

나는 당신만을 생각하며 편지를 쓰고 싶어요.

내 말이 다른 이에게 어떻게 읽힐까 봐 걱정하지 않고

낙서하듯이, 자유롭게 쓰고 싶답니다.

당신과 결혼 약속을 한 걸 두고 우리 삼촌이 그러더군요.

"찰스, 복권에 당첨됐구나."

아버지도 그 말을 따라 하셨어요.

내 사랑 엠마, 겸손과 감사의 마음으로

당신의 두 손에 입을 맞춥니다.

나를 행복하게 해 주는 당신,

당신에게 부끄럽지 않은 사람이 되고 싶어요.

그게 나의 진정한 바람입니다.

1838년 11월 14일
사랑을 담아
당신의 찰스 다윈

기쁨을 담아 보내는 편지 5

생물학자 찰스 다윈은 처음에 혼자 살지, 결혼할지 망설였어요.
결혼하는 것에 개를 키우는 것보다 좋은 점이 있는지
진지하게 고민할 정도였어요.
그러던 어느 날 엠마를 알게 되었고,
두 사람은 깊이 사랑하는 사이가 되었어요.
다윈은 언제 고민했냐는 듯 엠마에게 청혼했어요.
이 편지에는 사랑하는 여인과 결혼을 약속한 청년의 기쁨이
담겨 있답니다.

사랑하는 사람이 생기면
그 사람에게 부끄럽지 않은 모습을 보이고 싶어요.
그 덕에 우리는 전보다 더 나은 사람이 될 수 있답니다.
사랑은 어제의 나보다 오늘의 내가
더 나아질 수 있도록 해 주는 선물입니다.

배려를 담아 보내는 편지

1. 자네의 글은 무르익지 않았어
✉ 편집자가 안데르센에게

2. 머리뼈로 성격을 알 수 있을까요?
✉ 마크 트웨인이 한 신사에게

3. 하나의 단점만 보지 말아 주세요
✉ 강정일당이 남편에게

4. 화가여, 돈은 떠나도 명예는 머뭅니다
✉ 레오나르도 다빈치가 화가에게

5. 소를 함부로 죽이지 말아라!
✉ 무굴 황제 바부르가 아들에게

한스 크리스티안 안데르센
(1805~1875)
덴마크의 동화 작가

1. 자네의 글은 무르익지 않았어
✉ **편집자가 안데르센에게**

안데르센, 자네가 보낸 시의 앞부분을 읽었네.

이 말을 꼭 해야겠더군.

신께서는 자네에게 멋진 상상력과 따뜻한 마음을 선물하셨네.

하지만 자네에겐 아직 부족한 점이 많아.

힘써 공부하며 앞길을 닦아 나가게.

자네가 학교에 다니고 있으니 더없이 좋은 일이네.

지금은 오로지 공부에만 집중하도록 하게.

자네의 글은 아직 다 무르익지 않았어.

그 글을 성급히 출판하지 말게나.

부족한 글을 세상에 내놓는 일은 피해야 하네.

지금은 공부에 집중하고, 시는 조금씩만 쓰게.

시를 쓴다고 생각과 단어에 매달려 시간을 다 쓰지 말게.

언젠가 진정으로 감정이 달아올라 영혼이 춤을 출 때

비로소 시를 쓰면 된다네.

자연과 인생, 자신을 잘 들여다보게.

그 안에서 자네의 시가 태어날 거야.

자네의 순수하고 아름다운 영혼을 잘 간직하게.

1823년 2월 1일
슬라겔세에서
따뜻한 사랑을 담아
바스톨름

배려를 담아 보내는 편지 1

《인어 공주》, 《눈의 여왕》의 작가 안데르센은

덴마크 작은 마을에서 가난한 구두 수선공의 아들로 태어났어요.

재능이 뛰어났던 안데르센은 여기저기서 도움을 받아

슬라겔세 문법 학교에서 공부할 수 있었어요.

뒤늦게 학교에 다니게 된 안데르센은

조급한 마음에 여러 사람에게 자기 시를 보냈어요.

그의 시를 읽은 한 은퇴한 편집자는

젊은 안데르센의 성급한 마음을 배려하며

진심 어린 충고를 보내 주었어요.

안데르센은 이 편지를 평생 간직했답니다.

이름을 날리는 건 멋진 일이에요.

그러나 준비가 덜 된 채 세상에 나가면

이름을 알리기는커녕 애송이 취급을 받게 됩니다.

성급함은 언제나 실수를 부릅니다.

기초를 잘 닦아 반석을 만들면

그 위에 흔들리지 않는 집을 세울 수 있습니다.

진짜 가치 있는 것들은

눈에 보이지 않아요.

마크 트웨인
(1835~1910)
미국의 소설가

2. 머리뼈로 성격을 알 수 있을까요?
✉ **마크 트웨인이 한 신사에게**

선생님, 안녕하세요?

저는 머리뼈로 성격을 연구하는 골상학에 대해 잘 모릅니다.

그러니 골상학에 대해서 뭐라고 말하기 어렵습니다.

33~34년 전 저도 골상학에 대해 더 알고 싶었던 때가 있었습니다.

영국 런던에 간 김에 한 가지 실험을 해 보았지요.

유명한 골상학자 파울러 씨를 찾아가 가짜 이름을 대고

골상학 분석을 부탁했어요.

그분은 제 머리에 튀어나온 곳과 들어간 곳을 꼼꼼히 살피고 분석지를 써 주었어요.

저는 이 분석지를 제가 머무는 랭햄 호텔로 가져와 흥미롭게 읽었습니다.

분석지에 적혀 있는 성격은 제 진짜 성격과 딴판이었답니다.

석 달 뒤 저는 다시 파울러 씨를 찾아갔습니다.

이번에는 제 진짜 이름과 작가의 *필명을 모두 알려 주고 다시 골상학 분석을 받았습니다.

다시 받은 분석지에는 제 본래 성격이 자세하고 정확하게 적혀 있었습니다.

고작 석 달 차이로 받은 두 분석지에 같은 곳이 하나도 없었답니다.

이 일로 저는 골상학에 편견이 생겼고, 지금도 그렇습니다.

물론 제 편견은 골상학이 아닌 파울러 씨를 향해야겠으나 인간의 편견이란 다 그런 것 아니겠습니까?

1906년
마크 트웨인

*필명 : 글을 써서 발표할 때에 사용하는, 본명이 아닌 이름. 마크 트웨인은 필명이며, 본명은 새무얼 랭혼 클레멘스다.

배려를 담아 보내는 편지 2

《톰 소여의 모험》을 쓴 미국의 소설가 마크 트웨인은

어느 날 영국인 독자에게 편지를 받았어요.

"당신은 왜 골상학에 대한 글을 안 쓰나요?"

앞의 편지는 그 편지에 대한 답장이랍니다.

골상학은 한때 어마어마한 인기를 끌었던 학문이에요.

머리뼈의 모양을 보고 그 사람의 성격을 파악할 수 있다고 주장했지요.

트웨인은 이 독자에게 답장을 쓸 때

"나는 골상학 같은 엉터리 학문은 안 믿어요."라고 하지 않았어요.

편지를 쓴 독자가 무안하지 않도록

골상학을 왜 믿지 못하게 되었는지를 재미있게 털어놓았어요.

거기에 *편견에 대한 견해를 유쾌하게 덧붙입니다.

*편견 : 공정하지 못하고 한쪽으로 치우친 생각.

세상에 편견 없는 사람은 없어요.

저마다 자기만의 색안경을 끼고 세상을 봅니다.

좋은 사람을 가까이 두려면

첫인상만 가지고 좋다, 나쁘다 판단하지 마세요.

편견이 눈을 가려 본래의 모습을 보기 어렵거든요.

천천히 시간을 두고 알아 갈 때

그 사람이 얼마나 괜찮은지 알게 된답니다.

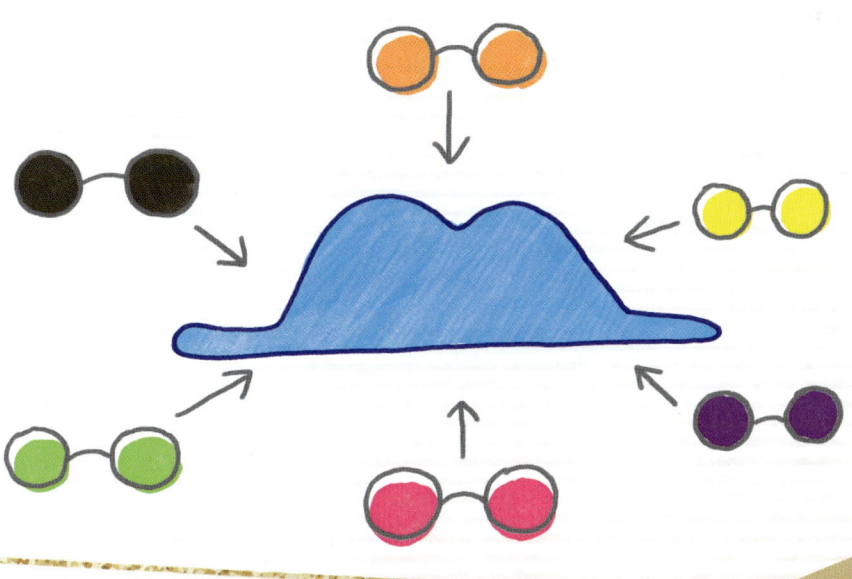

강정일당
(1772~1832)
조선의 여성 유학자

3. 하나의 단점만 보지 말아 주세요

✉ **강정일당이 남편에게**

보내신 편지를 받았습니다.

당신의 글 안에 이런 말이 있었어요.

"내가 감히 사람을 안다고 할 수는 없으나

가까이 지내는 사람들에게는 배울 장점이 있습니다."

그러곤 가까운 이들의 장점을 평하셨어요.

당신은 한 가지 장점이 있는 사람을 좋게 봅니다.

그런데 한 가지 단점이 있으면 못마땅하게 봅니다.
허나 한 가지 장단점만으로 사람을 알 수 있을까요?
《서경》에 이런 말이 있어요.
"사람을 바르게 아는 것은 요 임금도 어렵다."
고대 중국의 지혜로운 황제도 어려워한 것을
사람이 해 봐야 얼마나 잘할 수 있을까요?
당신에게 부탁합니다.
한 가지 장단점만 볼 것이 아니라
그 사람이 하는 행동을 보고,
왜 그런 행동을 했는지 보고,
그 행동을 즐기는지 보아 주세요.
오래 두고 볼수록 그 사람에 대해 더 잘 알게 될 거예요.
당신은 굳이 남의 스승이 되려고 애쓸 필요 없어요.
날마다 스스로 바르게 공부하면
학생들이 먼저 당신을 찾게 될 겁니다.
제 의견을 얘기 드렸으니 좀 더 생각해 주세요.

배려를 담아 보내는 편지 3

강정일당은 남편과 편지, 쪽지를 나누고
함께 학문을 토론한 조선의 여성 성리학자예요.
남편은 강정일당의 말에 귀 기울이며
아내의 충고를 기꺼이 들었어요.
강정일당은 남편이 다른 사람을 조금 더 배려해 주길 바랍니다.
한 가지 장점, 단점만 보고 판단하기보다
그 사람의 행동을 꾸준히 지켜보라고 말하지요.

잘생긴 얼굴, 번지르르한 말보다 중요한 건
언제 어떻게 행동하느냐입니다.
행동이야말로 그 사람을 비추는
가장 맑은 거울입니다.

4. 화가여, 돈은 떠나도 명예는 머뭅니다
✉ 레오나르도 다빈치가 화가에게

레오나르도 다빈치
(1452~1519)
이탈리아의
예술가이자 과학자

화가여, 그대가 공개한 작품에 실수가 있다면

조용히 실수를 인정하세요.

실수를 숨기려다 그대의 못난 성격까지 들키지 말고요.

어쩔 수 없었다는 변명도 하지 마세요.

그림은 음악처럼 한 번 연주되고 사라지지 않아요.

오래도록 실수의 증거로 따라다니죠.

그런데도 어떤 화가는 이런 생각을 해요.

'작품에 실수를 고치려면 시간이 걸려.

고칠 시간에 새 그림을 그려 팔겠어.'

새 그림으로 큰돈을 번들 무슨 소용일까요?

돈은 대단한 것이 아닙니다.

그러나 원근법 이론에 따라 연구하고 그림을 끝까지 고친다면

그대는 위대한 명예를 안겨 줄 작품을 완성할 겁니다.

명예는 오로지 그대의 것이 되지만, 돈은 그렇지 않습니다.

돈이 많으면 여기저기서 질투를 받고,

도둑을 만날 위험도 커집니다.

그러다 생명도, 명예도 잃고 이름마저 스러집니다.

반대로 인간의 기량이 주는 명예는

많은 재물이나 보석보다 가치 있는 영광입니다.

무수히 많은 왕과 왕비가 호화롭게 살았으나

이름도 남기지 못하고 사라지지 않았나요?

재물로 사치할 수는 있어도, 재물만으로 이름을 남길 순 없어요.

꾸준히 연구하고 기량을 닦으세요.

그것이야말로 그대의 이름을 영원히 알리는 나팔 소리가 된답니다.

배려를 담아 보내는 편지 4

레오나르도 다빈치는 '모나리자'를 그린 *르네상스 시대의 화가예요.

발명가이자 생물학자, 도시 계획자, 축제 기획자,

해부학자이기도 했어요.

이 글은 다빈치가 화가들에게 도움이 되는 말을

편지 형식으로 자신의 노트에 적은 것이랍니다.

다빈치는 화가들에게 실수를 숨기지 말고,

실수에 변명을 붙이지도 말라고 합니다.

<u>스스로 부족함을 인정하고</u>

부단히 갈고닦아야

실력을 키울 수 있기 때문이에요.

재물은 써 버리면 사라지고, 잃을 수도 있어요.

실력은 사라지지도 않고, 남이 빼앗지도 못해요.

몰래 훔쳐 가지도 못합니다.

온전히 '나'의 일부가 되어

나를 더 멋진 사람으로 만듭니다.

*르네상스 : 14~16세기에 일어난 문화 운동으로 학문이나
예술의 부활 · 재생이라는 뜻을 가지고 있다.

바부르
(1483~1530)
무굴 제국의
초대 황제

5. 소를 함부로 죽이지 말아라!

✉ **무굴 황제 바부르가 아들에게**

아들아, 북인도 왕국의 백성들은 여러 종교를 믿고 있단다.

그러니 종교에 대한 좁은 마음을 버리고

백성들이 자기 종교를 지키며 살 수 있도록 해 주어라.

힌두교도들은 소를 신성하게 여기니

그들을 존중하여 소를 함부로 죽이지 않도록 해라.

북인도 사람들은 네 행동에 마음을 열고,

너에게 감사하며 너를 위해 부지런히 일할 거야.

제국 안에 있는 어떤 종교 시설도, 사원이든 예배당이든

함부로 없애지 말아라.

황제와 백성이 모두 행복할 수 있도록 친절과 관용을 베풀어 주렴.

이슬람으로 종교를 바꾸라고 무턱대고 강요해서도 안 된다.

우리 이슬람교는 시아파와 수니파로 나누어져 있지.

두 파가 싸우지 않도록 다스려야 해.

둘 사이 다툼은 이슬람을 약하게 만들 뿐이란다.

아들아, 너는 서로 다른 종교를 믿는 백성들을

공기, 물, 불, 흙 4원소처럼 한데 모아야 한단다.

그렇게 하면 나라에 어떤 병이 들어도 잘 이겨 낼 거야.

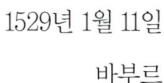

1529년 1월 11일

바부르

배려를 담아 보내는 편지 5

인도에 무굴 제국을 세운 황제 바부르는
아들에게 편지 유언장을 썼어요.
이 유언장에서 황제는
다른 종교를 존중하며 관용을 베풀라고 합니다.

관용을 베푼다는 건
싫은 걸 억지로 참는 것도,
우물쭈물하다 할 말을 못 하는 것도 아니에요.
말할 수 있지만 함부로 말하지 않고
화낼 수 있지만 자신을 스스로 다스리며
다른 사람을 너그럽게 이해하고 받아 주는 것이죠.
너른 마음을 가진 사람 곁에는
절로 좋은 친구가 모여듭니다.
향기로운 꽃 가까이 나비와 벌이 모여들듯이요.

우정을 담아 보내는 편지

1. 형님, 절 못 알아보실걸요?

✉ 이순신이 친척 형님에게

2. 모자에 꽃을 달까, 깃털을 달까?

✉ 제인 오스틴이 언니에게

3. 물감 방울이 얼굴에 뚝뚝 떨어지는군

✉ 미켈란젤로가 친구에게

4. 시베리아에는 오래된 코끼리 뼈가 있어요!

✉ 예카테리나 2세가 볼테르에게

5. 증기선 덕에 강은 보물 창고가 될 거야

✉ 로버트 풀턴이 친구에게

이순신
(1545~1598)
조선의 장군이자
구국의 영웅

1. 형님, 절 못 알아보실걸요?
✉️ **이순신이 친척 형님에게**

현건 형님께 답장합니다.

저는 어제 이곳 완도로 왔습니다.

형님이 계신 *영암과 멀지 않아

'소식을 들을 수 있겠구나.' 했는데

오자마자 형님께 먼저 안부 편지를 받았습니다.

봄 날씨가 좋아 편안히 지내신다니 반갑습니다.

*영암 : 전라남도 영암군 동남쪽에 있는 읍.

저는 군영에 오래 있으며 흰머리, 흰 수염으로 덮였습니다.

형님은 저를 보고도 아마 못 알아보실 겁니다.

어제 *진을 고금도로 옮겼으나

순천에 왜적들이 두루 퍼져 있어 걱정이 큽니다.

7년 전 진도에 군수로 가게 되었을 때 형님 댁에 잠시 머물렀는데,

그 뒤로는 그곳의 호수와 산의 구름, 대나무 숲 경치가

지금도 그립습니다.

전쟁으로 어려운 가운데도 형님께서 도타운 정으로

안부 편지와 여러 물품을 보내어 주셨습니다.

그중에서 편지가 가장 반갑습니다.

이곳에서 형님의 편지를 읽을 수 있어 기쁩니다.

1598년 2월 19일

*진 : 군대가 진을 치고 있는 곳.

우정을 담아 보내는 편지 1

왜적으로부터 나라를 지키느라

머리와 수염이 하얗게 세어 버린 이순신 장군이

반갑게 편지 읽는 모습을 상상해 봐요.

외가 쪽 친척 현건은 군 진영을 떠나지 못하는 이순신을 위해

편지와 여러 가지 물건을 보내 주었어요.

이순신은 그 마음 씀씀이에 감사하며

친척 형님의 편지를 반갑게 읽고 답장을 보냈어요.

편지를 읽으면 서로 존중하며 정을 나누는

두 사람의 모습이 그려집니다.

우리는 종종 가까운 사람에게 실수를 해요.

가깝다는 이유로 함부로 말하거나, 함부로 행동하지요.

세상에 그래도 되는 사람은 없습니다.

사람 사이에 서로 존중하는 마음이 없다면

그 관계는 언젠가 모래성처럼 무너집니다.

친구와 멋진 우정을 지켜 내려면

서로를 아끼고 귀하게 여기는 마음이 꼭 필요하답니다.

제인 오스틴
(1775~1817)
영국의 여성 소설가

2. 모자에 꽃을 달까, 깃털을 달까?
✉ **제인 오스틴이 언니에게**

사랑하는 카산드라 언니.

언니의 편지를 내 생각만큼 일찍 받았어.

앞으로도 쭉 그럴 거야.

비결이 뭐냐고? 편지가 올 때까지 안 기다리면 돼.

기다릴수록 시간은 길어지니까,

안 기다리면 시간도 안 길어지는 거지.

내가 새로 만든 규칙, 괜찮지?

며칠 전 언니의 검은 벨벳 보닛에서 베일을 떼었어.

그걸로 내 모자를 장식할 거야.

내 모자가 우아하게 변신할 것 같아.

언니는 장식을 조금만 달라고 했지만,

언니 말대로 하지 않는 걸 용서해 줘.

모자 주변에는 얇은 은색 띠를 두 번 감고,

리본 매듭은 만들지 않을 거야.

양귀비꽃 대신 검은 군용 깃털을 달까 봐. 더 세련되게.

양귀비는 요즘 유행이라 너도나도 다 꽂는걸.

무도회를 마치면 보닛을 검게 물들일지도 몰라.

아 참! 언니, 마틴 부인에게 멋진 연락을 받았어.

1월 14일에 도서관을 여니까 이용해 달래.

함께 쓸 회원증을 언니 이름이나 내 이름으로 만들면 될 것 같아.

요즘 아버지는 밤마다 우리에게 쿠퍼의 시를 읽어 주고 계셔.

언니는 저녁에 무얼 하며 지내?

어머니는 다행히 식사도 잘 하시고 밤에도 크게 아프지 않으셔.

수요일. 언니, 오늘 아침에 마음을 바꿨어.

보닛의 장식을 언니가 처음에 얘기해 준 대로 조금만 달았어.

그렇게 안 했으면 큰일 날 뻔했어.

모자를 써 봤는데 세련되고 멋있어 보여.

소식은 여기까지

제인 오스틴

우정을 담아 보내는 편지 2

영국의 소설가 제인 오스틴은 언니인 카산드라와

자주 편지를 주고받았어요.

사이좋은 자매의 편지에는 재잘재잘 수다가 담겨 있어요.

모자를 유행하는 스타일로 수선해 쓰고,

작은 무도회에 참석하려는 평범한 모습, 어떤가요?

그러면서도 도서관에서 책을 빌리게 되어 기쁘고,

약혼자의 집에서 묵고 있는 언니는 잘 지내는지 궁금합니다.

오늘은 무엇을 할까 설레나요?

친구와 함께 노는 것이 재미있나요?

맛있는 급식이 나와 기분 좋나요?

그렇다면 여러분은 행복한 사람이랍니다.

행복은 멀리 있지 않아요.

평범하고 작은 기쁨이 모여

반짝반짝 빛나는 하루를 만듭니다.

미켈란젤로 부오나로티
(1475~1564)
이탈리아의 조각가이자 건축가

3. 물감 방울이 얼굴에 뚝뚝 떨어지는군
✉ **미켈란젤로가 친구에게**

이보게, 높은 천장에 벽화를 그리느라 나에게 갑상샘종이 생겼네.

물을 잔뜩 마신 고양이처럼 목이 부었지.

내 턱 밑으로는 배가 불룩해.

고개를 올려다보며 천장 벽화를 그리니

내 턱수염은 하늘을 향하고

내 뒤통수는 목덜미에 붙었어.

내 붓은 늘 위에 있어서

내 얼굴로 물감 방울이 뚝뚝 떨어진다네.

내 허리는 올챙이배에 묻혀 들었고

내 엉덩이는 균형을 잡느라 애쓰는 말 엉덩이 같아.

천장을 보고 있느라 발을 어디에 디디는지 알 수가 없네.

내 가슴과 뱃살은 축 처져 있고

내 등 쪽의 살들은 겹겹이 접혔지.

나는 시리아의 활처럼 휘어져 일하네.

이보게, 조반니. 내 그림은 죽었네.

이리 와 내 명예를 지켜 주게.

여긴 내가 있을 곳이 아니야.

나는 화가가 아니라고!

우정을 담아 보내는 편지 3

르네상스 시대의 조각가 미켈란젤로는

교황에게 시스티나 성당의 천장 벽화를 그려 달라는 부탁을 받았어요.

"못 합니다. 나는 조각가이지, 화가가 아닙니다."

미켈란젤로가 거절했지만 교황은 무작정 미켈란젤로에게 맡겼어요.

결국 미켈란젤로는 천장을 향해 얼굴을 들고

허리를 한껏 활처럼 휜 채 불편한 자세로 그림을 그려야 했어요.

미켈란젤로는 어렵고 힘든 상황을

투덜투덜 불평하는 익살스러운 시로 써서 친구에게 보냈어요.

1508년부터 1512년까지 4년에 걸쳐 그린 천장 벽화는

수백 년의 세월을 넘어 우리에게 감동을 주고 있답니다.

'난 못해.' 하고 포기하면 거기서 멈춥니다.
하지만 아무리 많은 일도,
아무리 시간이 걸리는 일도
차근차근 조금씩 하다 보면
어느새 '이만큼 했어?' 하고 놀라게 됩니다.
물방울이 바위를 뚫는 법이랍니다.

예카테리나 2세
(1729~1796)
러시아의 여황제

4. 시베리아에는 오래된 코끼리 뼈가 있어요!

✉ 예카테리나 2세가 볼테르에게

*볼테르 씨, 《백과전서》를 잘 읽고 있어요.

친절하게도 이 책의 곳곳에 나의 이름을 적어 주셨더군요.

만 번의 감사를 전해요. 생각도 못 한 문장 끝에서

내 이름과 만날 때마다 불쑥불쑥 놀라게 된답니다.

당신이 보내 준 우정에 얼마나 감동했는지 몰라요.

*볼테르(1694~1778) : 프랑스 계몽기의 사상가.

볼테르 씨, 새롭고 놀라운 내용으로 풍성한 《백과전서》의

5부 61쪽에서 찾아낸 글이 있어요.

'시베리아 캄차카에 아무리 천재적인 인물들을 보내어

다스리게 한들 그들은 거기서 굶어 죽고 말 것이다.'

이 말은 사실과 딱 들어맞지 않아요.

위쪽 지역은 그럴 수 있지만,

북위 63도 아래에 있는 지역에는 억울한 말입니다.

이곳의 너른 땅에는 사람이 드문드문 살아요.

게다가 밀이 아주 잘 자라는 좋은 농사 지대랍니다.

농부들이 먹고도 남을 만큼 밀이 넉넉해

남은 밀로 여러 양조장에서 술을 만들 정도이지요.

그러고도 남는 밀을 아르한겔스크로 보내 다른 나라에 수출합니다.

이곳에 사는 사람들은 가축을 기르고 사냥하고 물고기를 낚아요.

사냥감도, 낚시할 거리도 풍부하고 다양해요.

시베리아에 대자연은 다른 곳에 비할 수 없어요.

아름다운 참나무로 둘러싸인 숲 어디에나

야생 과일나무가 자란답니다.

이곳엔 철, 구리, 금, 은 광산도 있어요.

마노, 벽옥, 수정, 대리석, 활석 등을 구할 수 있는 채석장도 있지요.

선생, 시베리아에서 무엇이 나는지 궁금한가요?

당신이 바라기만 하면 다른 곳에서는 볼 수 없고

오로지 시베리아에서만 흔하게 나는 것들을

채집해 보내 드리겠어요.

이곳에는 우리의 지구가 아주 오래된 곳이라는 증거도 있어요.

시베리아 북부의 땅 깊은 곳에서

그 지역에 살지 않는 코끼리 뼈를 발견할 수 있대요.

상당히 완전한 형태를 가진 코끼리의 뼈랍니다.

이렇게 시베리아에 대해 알려 드렸으니,

판단은 당신에게 맡깁니다.

1771년 10월 6일/10월 17일
깊은 존경과 진실한 우정, 찬사를 담아
예카테리나

우정을 담아 보내는 편지 4

러시아를 다스리는 예카테리나 2세는

시베리아의 아름다움을 편지에 가득 담아 보냅니다.

시베리아에 대한 긍지가 글을 통해 느껴지지요.

이 편지에 나오는 '오래된 코끼리 뼈'는

빙하기에 살았던 매머드의 화석이에요.

당시에는 '오래된 코끼리의 뼈'에 대해 제대로 알지 못했지만

이걸 보고 지구의 나이가 알려진 것보다 훨씬 많다는 걸 짐작했어요.

이 편지의 수신자는 《백과전서》를 쓴 사람 중 한 명인 볼테르예요.

프랑스 계몽주의 사상가들이

세상의 지식을 담은 《백과전서》를 쓰기로 하자,

예카테리나 2세는 이들이 책을 완성할 수 있도록

많은 돈을 후원해 주었어요.

내가 사는 나라, 내가 사는 마을, 내가 다니는 학교,

우리가 살아가는 장소를 사랑하고 아낄수록

우리는 더 멋진 사람이 됩니다.

그건 우리를 이루는 뿌리이기 때문이죠.

5. 증기선 덕에 강은 보물 창고가 될 거야

로버트 풀턴
(1765~1815)
미국의 기술자

📧 **로버트 풀턴이 친구에게**

내 증기선 클레어몬트호가 뉴욕에서 올버니까지

왕복 항해를 마쳤어.

생각보다 훨씬 빠르고 편안하게 항해했지.

뉴욕에서 올버니까지는 150마일이야.

32시간 동안 허드슨강을 거슬러 올버니로 올라간 뒤,

30시간 걸려 뉴욕으로 내려왔어.

거슬러 올라갈 때도, 되돌아갈 때도

가벼운 역풍이 배를 향해 불어왔어.

알겠어? 배는 바람의 힘에 조금도 기대지 않았어!

오로지 증기의 힘으로 왕복한 거야.

증기로 배를 움직인다는 게 제대로 증명되었어.

내가 뉴욕에서 출발할 때만 해도 사람들이 말했어.

"한 시간에 1마일이나 갈 수 있겠어?"

증기가 도움이 되리라 믿은 사람은 고작 30명도 안 되었어.

학자입네, 발명가입네 하는 사람들이 내가 출발할 때까지

얼마나 입방아를 찧어 대던지.

내가 증기선을 띄우는 데 얼마나 많은 돈과 시간과 노력을 들였는지

자네도 알지?

보란 듯 성공해서 기쁘네. 자네도 나와 마찬가지겠지.

이제 미시시피강, 미주리강처럼 큰 강을 증기선이 다니게 될 거야.

증기선은 물자를 싸고 빠르게 날라 줄 거야.

강은 증기선 덕에 상인들과 기업들의 보물 창고가 될 거야.

나는 내 사업을 위해 증기선 개발에 뛰어들었어.

성공하고 보니 이 일이 우리나라에

얼마나 많은 이익을 가져올지 알겠네.

그렇게 생각하니 기쁨이 더 커지는군.

1807년 8월 17일

로버트 풀턴

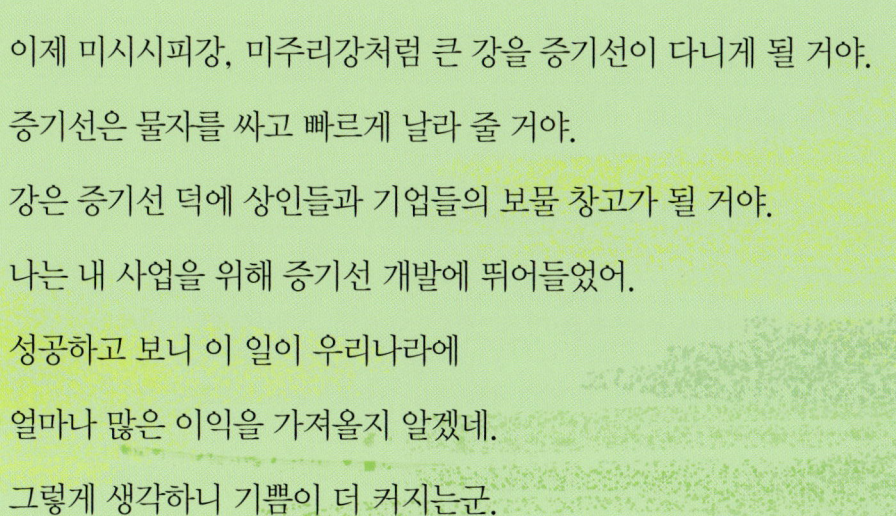

우정을 담아 보내는 편지 5

풀턴이 증기선을 만든다고 했을 때
주변에 많은 사람이 그를 말렸어요.
이미 실패한 계획이라는 거였지요.
풀턴은 누가 뭐라든 배를 설계했고,
결국 증기의 힘으로 강을 오가는 증기선을 완성했어요.
인내와 끈기가 만들어 낸 성공이었답니다.
풀턴은 성공의 기쁨을 친구와 나누고 싶어 이 편지를 썼지요.

실패 없이는 성공도 없어요.
도전하기 때문에 실패를 경험하고,
실패를 통해 우리는 무언가를 배워요.
그 배움을 바탕으로 다시 도전하고,
여러 차례의 실패를 거치며 성공에 이른답니다.

변화를 담아 보내는 편지

 **1. 행운은 쉽게 등을 돌릴 수 있단다**
✉ 마리아 테레지아 왕비가 딸 마리 앙투아네트에게

 **2. 입이 너무 가벼운 것 아닌가?**
✉ 정조가 우의정에게

 **3. 뻔뻔한 옛 주인 나리께**
✉ 노예였던 조던 앤더슨이 옛 주인에게

 **4. 벌거벗은 어린아이 그림이 위험을 부를까요?**
✉ 그림책 편집자가 도서관 사서에게

 **5. 아편을 팔다니, 여왕의 나라에는 양심이 있나요?**
✉ 임칙서가 영국 여왕에게

마리아 테레지아
(1717~1780)
합스부르크 공국의
여성 통치자

마리 앙투아네트
(1755~1793)
프랑스 왕 루이 16세의
왕비

1. 행운은 쉽게 등을 돌릴 수 있단다
✉ **마리아 테레지아 왕비가 딸 마리 앙투아네트에게**

사랑하는 딸아, 네가 장관에게 보낸 편지를 보았단다.

너무 속상해 못 본 척 넘길 수가 없었어.

내 딸 앙투아네트 공주가 본디 지니고 있던

선하고 넓은 마음이 조금도 보이지 않더구나.

그저 가볍디가벼운 호기심과 경박함, 장난스러움과

무례함으로 가득해 보였다.

내 막내딸, 위대한 오스트리아의 공주이자 프랑스의 왕비가

갖춰야 할 것은 그런 게 아니란다.

나는 겨우내 너를 걱정했어. 너는 공주로 태어나

너무 쉽사리 왕비가 되었지.

네 주변을 얼마나 많은 아첨꾼들이 둘러싸고 있겠니.

네가 잘해 나가기를 바랐건만 너는 그들의 속삭임에 빠져

사치하고 과시하며 즐기는 삶에 젖어 버리고 말았어.

너의 남편, 프랑스의 왕은 착한 사람이지.

자신이 원하지 않더라도 네가 바라는 걸 뭐든 들어주는 사람이야.

네 남편이 너를 그냥 둔다고 해서

멋대로 즐거운 놀이와 사치에만 빠져 지내서 되겠니.

지금 네가 누리는 행운은 순식간에 뒤집힐 수 있어.

네 행동의 결과로 불행이 찾아올 수도 있단다.

프랑스에 닥친 문제를 알려고도 하지 않고

무조건 피해 버리려 한다면 말이다.

책은 읽고 있니? 나라의 중요한 문제에 대해 알고 있니?

장관들과 그 문제를 의논하고 네 의견을 말하고 있니?

자비를 어떻게 베풀지 생각해 보았니?

너는 이런 주제를 무겁다고 무작정 싫어하지.

네 주변의 아첨꾼들이 들려주는 달콤한 말에만 귀를 기울일 거야.

네가 언젠가 진실을 들여다볼 날이 오겠지.

하지만 그날이 너무 늦게 찾아올 것 같아서 걱정이다.

주어진 마지막 날까지 나는 너를 쭉 사랑할 거란다.

마리아 테레지아

변화를 담아 보내는 편지 1

마리아 테레지아는 유럽 역사에서 가장 오래된 왕실 가문인

합스부르크가의 장녀예요.

남편을 황제로 세운 뒤 스스로 합스부르크 제국을 잘 다스렸지요.

황후는 막내딸 마리 앙투아네트를 프랑스 국왕과 결혼시켰어요.

그런데 어린 딸은 왕비로서 할 일을 잊은 채

아첨꾼들에 둘러싸여 사치를 부렸어요.

아첨꾼들이 원하는 건 다 들어주며,

백성들의 어려움은 살피지 않았어요.

이 딸이 바로 마리 앙투아네트예요.

"빵이 없으면 과자를 먹어."라고 말했다는 건

누군가 지어낸 거짓말이었지만,

프랑스 백성들은 왕비가 진짜 그렇게 말했을 거라고 믿었어요.

테레지아 황후는 죽을 때까지 철없는 막내딸을 걱정하며

현명하게 변화하길 소망했답니다.

달콤하고 가벼운 이야기가 좋은가요?

케이크와 과자만으로 균형 잡힌 식사를 하지 못하듯,

달콤한 말만으로 우리 정신은 성장할 수 없어요.

우리에게 꼭 필요한 충고는 맵기도 하고 쓰기도 한답니다.

2. 입이 너무 가벼운 것 아닌가?
✉️ 정조가 우의정에게

정조
(1752~1800)
조선의 제22대 왕

심환지
(1730~1802)
조선의 문신

나랏일로 쉴 틈이 없구료. 경은 잘 잤소?

얼마 전 알았소만, 경이 내가 한 말을

함부로 서용보에게 이야기했더군.

서용보가 그 얘기를 들었다고 별일이야 있겠소.

허나 내가 그에게 말하지 않은 것을 경이 함부로 옮겼으니

그게 문제요.

어찌 된 일인지

경은 나이를 먹을수록 입조심을 하지 않는구려.

앞으로 나 또한 경을 대할 때 입을 다물어야 하겠소.

이것 참 우스운 일이오.

'이 떡 먹고 말 말아라.'라는 속담을 명심하시오.

경은 머리가 허옇게 세어서

나이와 자리에 안 맞게 입이 방정이구려.

생각이 그렇게 없소?

답답하오, 답답해.

정사년(1797년) 4월 10일

변화를 담아 보내는 편지 2

정조 임금은 나라를 다스리며 여러 신하와 비밀 편지를 나눴어요.

드러내어 의논할 수 없는 나랏일이 있으면

비밀 편지로 생각을 전하곤 했답니다.

이 편지는 우의정이었던 심환지와 나눈 것이에요.

편지에서 정조는 심환지의 입이 무거워지길 바랍니다.

편지에 비밀로 쓴 말을 남에게 전한 심환지에게

입조심 좀 하라고 나무라지요.

남의 비밀을 떠들기는 쉬워요.

하지만 한 번 입 밖으로 나온 말은

되돌릴 수 없고,

눈덩이처럼 구르며 부풀려집니다.

특히나 남을 헐뜯는 말, 미운 말은

갈수록 살이 붙어 흉해집니다.

할수록 좋은 말과 삼가야 할 말을

구분하는 지혜가 필요합니다.

3. 뻔뻔한 옛 주인 나리께
✉ 노예였던 조던 앤더슨이 옛 주인에게

테네시주 빅스프링의 옛 주인님 P. H. 앤더슨 대령님께

나리의 편지를 받았습니다.
나리께서는 이 조던을 잊지 않으셨군요.
다시 돌아와 함께 살자고, 다른 누구보다 잘 대해 주겠다고
약속하시니 기쁩니다.

나리는 제가 북군 병사들의 도움으로 집을 떠날 때

저에게 총을 두 번 쏘셨죠. 다행히 빗맞았지만요

나리께서 저에게 주겠다는 좋은 기회가 무엇인지 알고 싶어요.

저는 여기서 꽤 잘 지내고 있어요. 한 달에 옷과 음식에다

25달러도 받아요.

아내 맨디가 편안히 지낼 집이 있고,

아이들 밀리, 제인, 그런디는 학교에 다니고 있어요.

선생님은 그런디에게 목사 자질이 있대요.

여기서 아이들은 교회 학교에 다녀요.

저와 맨디는 교회를 다니고요. 이웃은 친절합니다.

때로는 "저 가족은 노예였대." 쑥덕이는 말에

아이들이 속상해하지만,

저는 창피할 필요 없다고 말해 줍니다.

참, 나리께서 옛집으로 돌아오면

저에게 자유를 주겠다고 하셨죠.

그러실 필요 없어요.

저는 이미 자유민이니까요.

1864년에 내슈빌 당국의 헌병 사령관에게

자유 증서를 받았거든요.

저희는 나리께 자유를 허락받을 필요가 없으니,

여기서는 임금 이야기를 하는 게 좋겠어요.

나리가 저희를 친절하고 공정하게 대해 줄 거라는 증거로

그동안 일한 만큼의 임금을 보내 주시겠어요?

저는 32년 동안, 맨디는 20년 동안 나리를 섬겼어요.

저는 한 달에 25달러, 맨디가 일주일에 2달러를 받는다고 치면

우리가 받아야 할 돈은 11,680달러가 됩니다.

거기에서 저희의 옷값, 맨디의 치과 진료비,

저를 치료하느라 세 번 왕진한 의사의 진료비는 빼 주세요.

밀린 임금은 오하이오주 데이턴, V. 윈터스 씨 앞으로 보내 주세요.

저희가 그동안 성실히 일한 대가를 주지 않으신다면,

저희는 잘해 주겠다는 나리의 약속을 믿지 못할 거예요.

신께서 나리와 나리의 조상이 저와 제 조상에게 저지른 잘못,

오랜 세월에 걸쳐 어떤 대가도 주지 않고 일을 시킨 잘못에 대해

깨달음을 주었으리라고 믿습니다.

이곳에서 저는 월급을 받지만,

테네시에서는 한 푼도 받지 못했습니다.

말, 소와 똑같았죠.
일꾼에게 정당한 품삯을 내놓지 않는
뻔뻔한 자들에게 심판의 날이 올 겁니다.

1865년 8월 7일
나리의 옛 하인
조던 앤더슨

변화를 담아 보내는 편지 3

조던 앤더슨은 본래 미국 남부 농장에서 일하던 노예였어요.

남북 전쟁 때 북군의 도움을 받아 자유인이 되었지요.

어느 날, 조던 앤더슨에게 주인이었던

앤더슨 대령이 편지를 보내왔어요.

자유도 주고 잘 대해 줄 테니 돌아오라는 것이었죠.

그에 대한 대답이 이 편지예요.

"밀린 임금을 주시겠어요?"

한때 노예였던 흑인 가장은

그동안 말, 소처럼 대우받지 못했던 기간에

인간이라면 받아야 했을 정당한 임금을 달라고 요구합니다.

그건 흑인을 임금을 주어야 쓸 수 있는 인간,

자유와 권리를 가진 인간으로 대하라는 조용한 꾸짖음이랍니다.

160여 년이 흐른 지금은 어떨까요?

피부색, 사는 집, 나이 때문에 생기는 차별은 없나요?

장애와 성별, 종교 때문에 생기는 차별은요?

차별은 곳곳에서 이루어집니다.

차별을 하면서 깨닫지 못할 때도 있고

차별을 당하면서 아무 말 못 할 때도 있어요.

차별을 반대하는 우리의 작은 목소리가

세상에 울림을 만들고 변화를 만듭니다.

4. 벌거벗은 어린아이 그림이 위험을 부를까요?

✉ **그림책 편집자가 도서관 사서에게**

사서님에게.

저는 몇몇 사서님이 모리스 센닥의 그림책 《깊은 밤 부엌에서》를 불태웠다는 소식을 듣고 마음이 무척 아팠어요.

이 책이 초등학생을 위한 책이 아니라고 생각하시다니,

안타깝습니다.

당신은 어린 꼬마가 벌거벗고 나오는 것을 걱정하셨겠지요.

그러나 정말로, 아이들은 그림책에서 벌거벗은 꼬마를 본다고
충격받지 않아요.
모리스 센닥은 어린이의 마음으로 이야기할 수 있는 창의적인
예술가예요.
창의성이 넘치는 아이들과 창의적 예술가 사이에 서 있는 우리는
책에 대한 자신의 반응을 조심히 들여다봐야 해요.
때로는 그게 어른의 편견과 신경증일 수도 있으니까요.
어린이책 편집자이자 발행인인 나는
그걸 가장 어렵고 중요한 의무로 생각합니다.
나를 믿어 주세요. 나는 편집자의 책임을 가볍게 여기지 않습니다.
아이들은 벌거벗은 꼬마를 아무렇지 않게 보며
그림책을 창의적으로, 건전하게 즐길 겁니다.
어른들만이 센닥의 작품을 위협적으로 느낍니다.
부디 학교의 아이들이 센닥의 책을 즐길 수 있도록 기회를 주세요.

1972년 1일
우르술라 노드스트롬

변화를 담아 보내는 편지 4

미국의 그림책 작가 모리스 센닥은 1970년

《깊은 밤 부엌에서》를 내놓았어요.

벌거벗은 작은 꼬마가 한밤에 꿈속을 여행하는 이야기였어요.

미국의 사서들은 아이들 그림책에

꼬마가 벌거벗고 나온다는 점을 염려하고 불편해했어요.

그 그림이 아이들에게 나쁜 영향을 준다고 생각한 사서들은

'아이들을 보호한다.'라며 그림책 속 꼬마 몸에

기저귀를 채우거나 바지를 그려 넣었어요.

어떤 사서는 책을 불태우기까지 했어요.

그 행동은 창작의 자유를 해치는 일이었어요.

더 진지하게 고민해야 할 문제였지요.

그림책 편집자는 그러지 말아 달라는 편지를 사서들에게 보냈답니다.

지나친 걱정은 마음에 불안을 만들어요.

사실 우리가 불안해하는 대부분의 일은

실제로 일어나지 않는 일이랍니다.

5. 아편을 팔다니, 여왕의 나라에는 양심이 있나요?

임칙서
(1785~1850)
청나라의 정치가

✉ 임칙서가 영국 여왕에게

우리 청나라는 멀리서 오는 외국 상인들을

두 배 더 정중하게 대했어요.

외국 상인들은 200년에 걸쳐 무역으로 돈을 벌었죠.

그런데 이들 중 부도덕한 상인이 나타났어요.

이들은 아편을 몰래 가져와 중국 백성을 유혹했어요.

바로 영국 상인들입니다.

영국의 군주인 여왕의 나라는 여기서 6~7만 리 떨어져 있어요.

그런데도 상인들이 여기까지 오는 까닭은

돈을 벌 수 있기 때문이에요.

우리 청나라의 물건은 영국 상인들에게 많은 이익을 줍니다.

영국 상인들은 중국인들이 팔아 준 것으로 돈을 벌면서

왜 아편을 싣고 와 중국인을 해치나요?

자기 이익을 위해서 남에게 해를 끼치다니,

여왕의 나라에는 양심이 있나요?

여왕의 나라에서도 아편을 금지한다지요.

그게 얼마나 해로운지 알고 있군요.

자기 나라에 해를 주니 그토록 조심하면서

남의 나라에 해를 끼치는 데는 무관심하군요.

그런 행동은 옳지 않고, 하늘의 뜻에도 어긋납니다.

우리는 영국 상인들에게 차와 비단 등을 살 수 있게 허락했어요.

우리 물건을 다른 곳에 팔면 3배의 이익을 얻습니다.

아편을 팔지 않아도 3배의 이익을 얻을 수 있으면서

당신들은 더 큰 이익을 얻으려고 해로운 아편을 팔고 있어요.

만약 다른 나라의 상인이 영국에 아편을 들여와
영국인들을 아편으로 유혹한다면 어떨까요?
영국의 군주인 여왕도 분노하여
아편을 강력히 금지할 것입니다.

변화를 담아 보내는 편지 5

1800년대에 영국 상인들은 청나라에서 값진 물건을 사 갔어요.

차와 도자기, 비단 등은 유럽에서 아주 비싸게 팔렸어요.

그런데 다른 나라 물건에 관심이 없는

청나라는 물건값을 은으로 받았어요.

영국 상인들은 청나라에 물건을 팔지 못하는 걸 아쉬워하다

인도에서 재배한 아편을 배에 싣고 가 청나라에 팔기 시작했어요.

아편은 중독을 일으켜 사람을 망가뜨리는 무서운 마약이에요.

영국 상인들은 이 사실을 알면서 청나라에 아편을 팔아 돈을 벌었고,

아편은 청나라 곳곳으로 순식간에 퍼져 나갔어요.

뒤늦게 이 사실을 안 청나라 대신 임칙서는

아편을 금지하고 이 편지를 썼어요.

아편 장사에 대한 영국의 생각이 변하길 바란 것이죠.

이 편지가 실제로 여왕에게 전해지지는 못했다고 해요.

그래도 이 편지의 내용은 많은 영국인들의 양심을 움직였고,

영국의 행동에 부끄러움을 느끼도록 만들었어요.

양심은 마음의 작은 소리예요.

우리가 잘못된 길을 가지 않도록

"맞아. 그렇게 해.", "아니야. 그러면 안 돼." 하고 일러 주지요.

양심의 소리에 귀 기울이면

자신을 더 잘 돌아볼 수 있답니다.

용기를 담아 보내는 편지

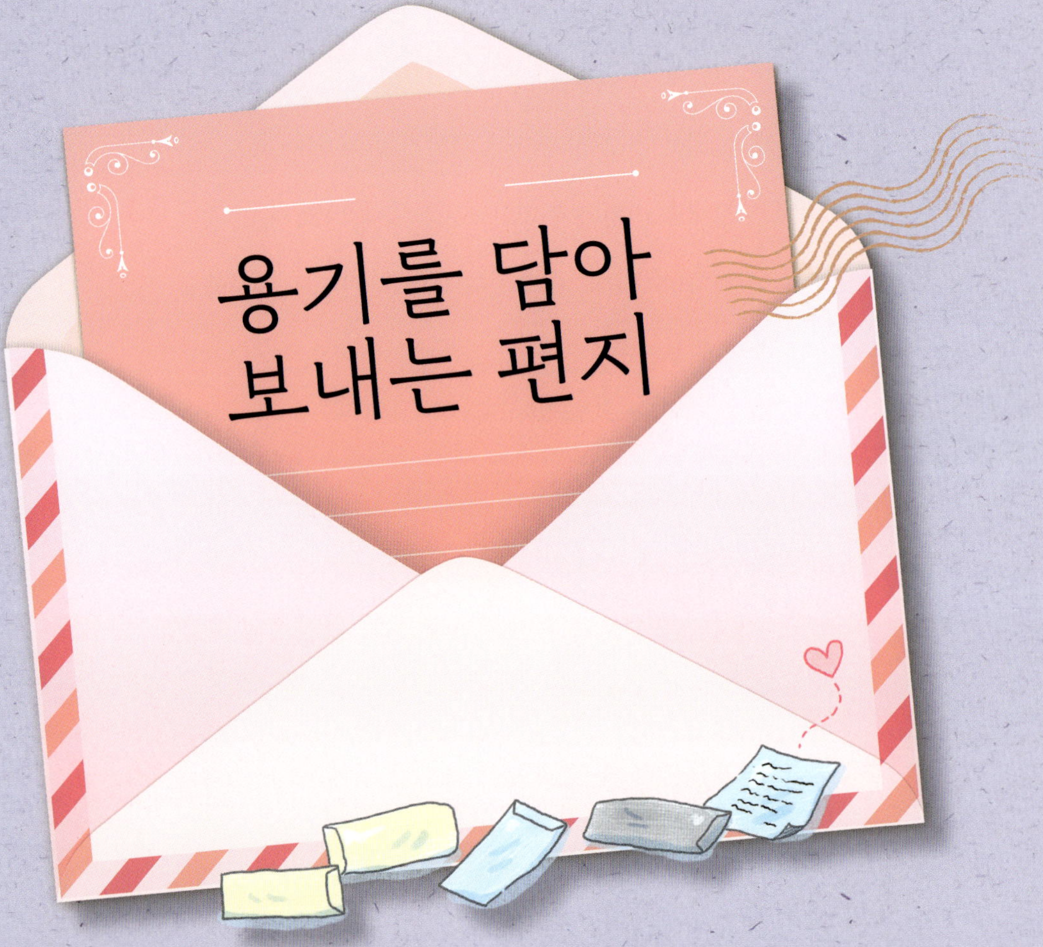

1. 화산에서 불덩이가 솟았고 화산재가 마을을 덮쳤어
✉ 플리니우스가 친구에게

2. 죽음이 런던을 휩쓸고 있습니다
✉ 새뮤얼 피프스가 동료의 부인에게

3. 천연두를 피할 수 있다면 믿겠니?
✉ 메리 워틀리 몬터규가 친구에게

4. 무화과나무에 다시 잎이 돋을까요?
✉ 메리 울스턴크래프트가 연인에게

5. 사랑한다고 말하는 건 어려워!
✉ 샬롯 브론테가 친구에게

소(小) 플리니우스
(61?~113?)
고대 로마의 정치가

1. 화산에서 불덩이가 솟았고 화산재가 마을을 덮쳤어

✉ **플리니우스가 친구에게**

타키투스에게.

친구여, 내 삼촌의 죽음에 대해 알려 달라고 했지.

내가 본 것과 들은 것을 모두 적어 보내네.

삼촌은 끔찍한 재앙으로 돌아가셨고,

사라져 버린 도시와 함께 기억으로만 남고 말았어.

재앙이 시작되던 날,

사령관이신 삼촌은 함대를 지휘하느라 미세노에 계셨어.

어머니와 나도 미세노에 있었지.

8월 24일 어머니가 커다란 먹구름이 보인다고 하셨어.

삼촌은 베란다로 나가 하늘을 자세히 관찰하셨어.

멀리 떨어진 화산에서 먹구름 같은 연기가

뿜어져 나오고 있었어.

그건 베수비오산이었어.

화산에서 솟아나는 연기는 꼭 소나무 같았네.

나무의 몸통처럼 길고 곧게 오르다,

높은 곳에서 가지처럼 갈라져 사방으로 뻗어 나갔어.

탐구심 강한 삼촌은 더 가까이서 산을 살피려고

작은 배를 준비하셨어.

나에게도 같이 가겠느냐고 물으셨지만 나는 공부를 해야 해서

집에 남았어.

때마침 베수비오산 아래 사는 타스쿠스의 부인 렉티나에게

편지가 왔어.

바다로 탈출할 수 있도록 도와 달라는 편지였어.

삼촌은 타고 가려던 작은 배 대신 함대를 보내어

근처에 사는 사람들을 구조하기로 하셨어.

피난민을 실은 배들이 도망쳐 나오는 동안

삼촌은 위험한 해안으로 함대를 몰고 들어가셨어.

곧 베수비오산이 보였고, 뜨거운 돌멩이가 배 위로 쏟아졌어.

해안가까지 밀려온 용암도 보였어.

삼촌은 거친 파도를 뚫고 해안가 폼포니아우스의

별장에 도착하셨어.

폼포니아우스도 배를 준비해 놓고 있었는데,

바람이 거꾸로 불어오는 바람에 출발이 안 되고 있었어.

삼촌은 그 별장에서 밤을 보내셨어.

다음 날 아침에는 땅이 흔들렸어.

하늘에서는 돌덩이와 화산재가 쏟아져 내렸어.

건물이 흔들려 서 있기도 힘들었지.

사람들은 베개를 머리에 올리고 긴 끈으로 묶은 채 탈출에 나섰어.

아침인데도 너무 어두워 횃불을 들어야 했어.

바다에 배를 띄우고 싶었지만 그럴 수가 없었어.

파도가 높고 바람이 반대쪽으로 불었거든.

별장으로 돌아온 삼촌은 천을 땅에 펼치게 했어.

그 위에 누워 찬물을 내리 두 번 드셨어.

그때 갑자기 유황 냄새가 훅 끼쳐 왔어.

놀란 사람들이 도망쳤고, 일어난 삼촌은 곧 다시 쓰러지셨어.

내 생각엔 연기와 가스에 숨이 막히셨던 것 같아.

화산재로 시커멓던 하늘에 해가 난 건 사흘 뒤야.

삼촌은 화산재에 덮인 채 살아 계셨던 모습 그대로 발견되었어.

그냥 잠드신 것처럼 보였다네.

플리니우스

용기를 담아 보내는 편지 1

서기 79년 8월 24일, 베수비오산이 폭발했어요.

아름다운 도시 폼페이는 돌멩이와 화산재에 파묻히고 말았지요.

플리니우스의 외삼촌은 화산 폭발 때 용감하게 행동했어요.

사람들을 구하기 위해 함대를 끌고 나갔다 목숨을 잃었답니다.

플리니우스는 이 일에 대해 보고 들은 것을 기록하여 친구에게 보냈어요.

이 편지는 폼페이가 화산 폭발로 사라지던 날을 생생히 보여 주는

귀한 기록으로 남았답니다.

잊고 싶지 않은 기억이 있나요?

사진과 영상으로 남기는 것도 좋지만,

글을 써서 남기면 더 특별한 기억이 돼요.

'내가 어떤 마음이었지?'

'그 애는 어떻게 행동했지?'

'그때 왜 그랬을까?'

생각하는 만큼 기억이 두터워지고,

마음의 고민이나 느낌까지 글로 새겨져

오래도록 생생히 간직할 수 있답니다.

새뮤얼 피프스
(1633~1703)
영국의 관리이자
정치인

2. 죽음이 런던을 휩쓸고 있습니다

✉ **새뮤얼 피프스가 동료의 부인에게**

카터릿 부인.

저는 최근 울위치에서 지내게 되었어요.

울위치로 오기 전에는 런던에 머물렀습니다.

런던에서 일주일 동안에 7,400여 명의 사람이 죽었는데

그 가운데 6,000여 명이 페스트 환자였습니다.

죽음이 휩쓸고 간 런던은 텅 비었어요.

아무 소리도 나지 않는 곳에 그저 종소리만 들려왔습니다.

룸버가를 돌아다녀 봐도 20명이나 마주칠까 말까였어요.

증권 거래소에도 고작 50명 정도 있을 뿐이었어요.

가족이 모두 죽은 집도 많아요.

제 주치의인 바넷 박사도 페스트로 죽었습니다.

수개월이나 집 밖으로 나가는 걸 참았는데도 말이죠.

9월이 오며 밤이 길어졌지만

전날 죽은 사람을 남몰래 묻기에는 긴 가을밤도 모자랐습니다.

요새는 낮에도 몰래 죽은 사람을 묻더군요.

런던에 있는 동안에는 안심하고 먹을 만한 고기나 술을

구할 수 없었어요.

자주 가던 양조장은 문을 닫았고

단골 빵집의 가족은 모두 페스트로 눈을 감았어요.

부인, 다행히도 저는 나빴던 건강이 좋아졌습니다.

얼마 전 결혼식에 가서 신의 축복과 즐거운 기분을

나눠 받은 덕입니다.

덕분에 건강해졌으니 다시 열심히 일하려고 합니다.

반갑지 않은 일에 대해서는 이만 쓰겠습니다.

다음 편지를 보낼 때는 페스트가 가라앉았으면 좋겠네요.

더 즐거운 소식을 전하게 되기를 소망하며.

신의 가호가 함께하기를.

1665년 9월

새뮤얼 피프스

용기를 담아 보내는 편지 2

해군성의 관리였던 새뮤얼 피프스는
페스트로 런던이 텅 비었을 때조차 기록을 멈추지 않은 용감한 기록가예요.
그는 페스트가 휩쓸고 간 1660년대의 런던을 세밀히 관찰하고 기록했어요.
동료의 부인에게도 편지로 런던의 모습을 생생히 전달했지요.
이때 런던에 살던 사람들은 페스트의 공포에 떨며 하루하루를 보냈어요.
내일 죽을지, 모레 죽을지 누구도 알 수 없었죠.
그러나 그 속에서도 사랑하는 이들이 미래를 꿈꾸며 결혼식을 올렸고,
결혼을 축하하는 사람들이 웃음과 기쁨을 나누었어요.

우리가 어려움을 버틸 수 있는 건,
나아지리라는 희망과 변할 수 있다는 믿음이 있기 때문이에요.
어두운 밤일 수록 별이 빛나듯
어려움이 닥쳤을 때 희망은 빛을 냅니다.
아무리 힘든 일도 지나갑니다.
포기하지만 않는다면요.

메리 워틀리 몬터규
(1689~1762)
영국의 시인

3. 천연두를 피할 수 있다면 믿겠니?
✉ 메리 워틀리 몬터규가 친구에게

천연두는 우리 영국인들에게는 죽을 수 있는 무서운 전염병이지만,

터키의 수도인 콘스탄티노플에서는 가볍게 지나가는 병이야.

여기선 다른 사람의 고름으로 '인두 접종'을 해.

이곳에는 인두 접종을 전문으로 하는 할머니들이 계셔.

이 할머니들은 선선한 가을,

더위가 가신 9월에 인두 접종할 사람들을 모아.

15~16명 정도의 사람이 모이면 할머니들은 호두 껍데기를 가져와.

그 안에는 천연두 환자에게서 뽑은 고름이 들어 있어.

할머니들은 큰 바늘을 사람들의 몸에 찔러 네다섯 군데의

상처를 만들고 작은 바늘로 고름을 떠 그 안에 넣는단다.

이 상처는 작은 흉터로 남으니 조심해야 해.

인두 접종을 한 아이들은 다른 아이들이랑 그냥 뛰어놀아.

8일 동안 멀쩡하던 아이들은 다음 날 약하게 앓아눕고

2~3일 정도 침대에 누워 지내.

그러는 동안 얼굴에 20~30여 개의 물집이 올라오지만

곧 가라앉고 깨끗해져.

앓았던 아이들은 며칠 만에 건강해지지.

이곳에서는 해마다 수천 명이 인두 접종을 한단다.

지금까지 이 일로 죽은 사람은 없어.

나는 사랑하는 아들이 천연두를 피할 수 있도록

이곳에서 인두 접종을 받게 할 거야.

이 방법이 천연두로 고통받는 영국에 큰 도움이 될 거라고 믿어.

영국의 의사들이 이 방법을 원하지 않을 수도 있겠지.

나는 그들과 싸우더라도 인두 접종을 널리 알리고 싶어.

용기를 담아 보내는 편지 3

영국의 시인 메리의 몸에는 어렸을 때 천연두를 앓아서,

얽은 상처가 있었어요.

메리의 남동생은 천연두로 목숨을 잃었고요.

그런데 남편과 간 터키 콘스탄티노플에서는

천연두에 걸려 죽는 사람이 없었어요.

인두 접종을 통해 천연두를 예방했기 때문이에요.

아들이 천연두에 걸릴까 봐 두려웠던 메리 워틀리 몬터규는

다른 나라의 예방법으로 아들을 지키고자 했어요.

인두 접종은 성공이었지요.

안전한 상황에서 성공이 보장된 일을 하는 것은 쉽습니다.

불확실한 상황에서 용기를 내어 도전하는 건 어렵습니다.

용기란 두려움이 없는 게 아니라

두려워도 앞으로 나아가는 것입니다.

메리 울스턴크래프트
(1759~1797)
영국의 작가

4. 무화과나무에 다시 잎이 돋을까요?
✉ **메리 울스턴크래프트가 연인에게**

오늘 아침, 딸 페니와 산책을 하다가 작은 우화가 떠올랐어요. 당신에게 이 우화를 들려줄게요.

앙상한 무화과나무 한 그루가 초록 잎이 무성한 상록수들 틈에 서 있었어요.

무화과는 바람에 덜덜 떨며 상록수들을 부러워했어요.

"어서 봄이 왔으면. 봄에는 나도 잎이 돋을 거야."

겨울이 오자 하얗게 눈이 덮였어요.

얼마 후에는 따스한 햇살에 눈이 녹아내렸어요.

곧 바람꽃이 피었고, 뒤따라 크로커스가 피었어요.

노루귀도 꽃을 피웠고, 명월초도 꽃을 피웠어요.

무화과나무는 봄이 왔다고 굳게 믿었어요.

마른 월계수가 걱정하며 말했어요.

"무화과야, 조금만 더 기다려 봐."

경험 많은 소나무도 그러라고 했어요.

무화과는 하루만 더 기다려 보기로 했어요.

다음 날에는 햇살이 더 따스했어요.

부드러운 남풍이 가지를 살랑살랑 흔들었고요.

"봄이야. 봄이 왔어!"

무화과는 가지마다 뾰족뾰족 잎을 틔웠어요.

그런데 다음 날 차가운 서리가 내렸어요.

무화과의 작은 잎은 누렇게 시들고 말았어요.

한 나무가 무화과에게 말했어요.

"무화과야, 2월과 4월을 구분했어야지!"

봄이 오면 무화과 가지에 다시 잎이 돋을까요?

알 수 없답니다.

1796년 8월 19일

런던에서

용기를 담아 보내는 편지 4

메리 울스턴크래프트는 한 남자와의 사이에 딸 페니를 낳았어요.

그 남자는 다른 여자를 사귀느라 메리와 헤어지고 말았어요.

메리는 그 뒤 동료 철학가 윌리엄 고드윈에게 사랑을 고백받았지만,

한 번 상처를 입은 뒤라서 새로 사랑을 시작하는 게 두려웠어요.

그래서 이 우화를 고드윈에게 보내었어요.

너무 일찍 잎을 틔운 무화과나무는 메리 자신이었답니다.

주저하던 메리는 마침내 용기를 내었고,

고드윈과 결혼을 했어요.

두 사람은 서로를 아끼고 존중하는 좋은 부부가 되었어요.

조급함에 실수한 무화과는 혹독한 겨울의 추위를 겪었어요.

그리고 봄을 기다리는 법을 배웠어요.

'같은 실수를 안 하려면 어떻게 해야 할까?'

고민하며 행동을 바꿔 나갈 때

그 실수는 가치 있는 경험이 된답니다.

샬롯 브론테
(1816~1855)
영국의 소설가

5. 사랑한다고 말하는 건 어려워!
✉ 샬롯 브론테가 친구에게

월요일 저녁에 있었던 일이야.

우리 집에 니콜스 씨가 차를 마시러 왔어.

아버지와 니콜스 씨, 나는 언제나처럼 차를 마셨어.

니콜스 씨는 이날따라 유난히 긴장해 있었어.

나는 눈이 나빠서 잘 보지 못하잖니.

그런데도 니콜스 씨가 자꾸 날 바라보는 게 느껴졌단다.

나는 아버지와 니콜스 씨가 이야기를 계속 나누도록
자리에서 먼저 일어서 방으로 돌아왔어.
8시에서 9시 사이에 거실 문이 열리는 소리가 들렸어.
'돌아가시나 보다. 곧 현관문이 열렸다 닫히겠구나.' 생각했어.
그런데 니콜스 씨가 복도에서 발을 멈췄어.
내 방문을 똑똑 두드렸지.
나는 번개처럼 곧 무슨 일이 벌어질지 알아차렸어.

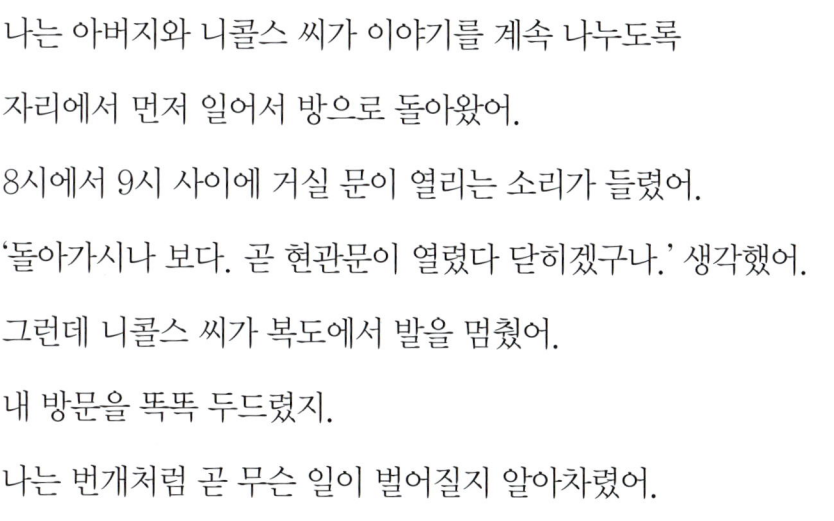

그분은 방 안으로 들어와 나에게 말했어.

내가 무슨 말을 들었는지 너도 알겠지?

나는 그분의 모습을 영원히 잊지 못할 거야.

그분은 딱딱하게 굳어진 얼굴로,

온몸을 달달 떨며 가까스로 말했어.

작지만 아주 뜨거운 목소리였단다.

대답을 들을 수 있을지조차 모르면서

용기를 내어 사랑한다고 말하는 건 얼마나 어려운 일일까.

1852년

용기를 담아 보내는 편지 5

영국의 작가인 샬롯 브론테는 함께 글을 썼던 자매인 에밀리, 앤이
결핵으로 죽은 뒤 목사 아버지와 목사관에서 지내며 글을 썼어요.
그러던 어느 날 교회의 부목사인 아서 벨 니콜스가 샬롯에게 청혼했어요.
샬롯은 온몸을 덜덜 떨며 청혼하는 니콜스를 우습게 여기지 않았어요.
니콜스의 마음에서 우러났을 용기의 아름다움을 보았지요.

겉으로 보이는 것은 작습니다.
빙산의 아래쪽이 바다에 잠겨 보이지 않듯
사람의 내면도 눈으로는 볼 수 없어요.
보이지 않기에 더 아름다운 것을
보이지 않는다고 소홀히 하지 마세요.

소망을 담아 보내는 편지

1. 채소를 먹으면 건강해져요!
✉ 8살 아이가 닉슨 대통령에게

2. 재능을 꽃피우려면 배움이 필요하단다
✉ 제갈량이 아들에게

3. 여보, 꿈에서라도 나에게 와 줘요
✉ 조선 시대 미망인이 남편에게

4. 써야 할 글이 있기에 괴로움을 참습니다
✉ 사마천이 친구에게

5. 당신이 사랑하는 일을 따라가세요
✉ 헨리 데이비드 소로가 친구에게

리처드 닉슨
(1913~1994)
미국의
제37대 대통령

1. 채소를 먹으면 건강해져요!

✉ **8살 아이가 닉슨 대통령에게**

닉슨 대통령 할아버지.

대통령 할아버지가 아팠다는 얘기를 들었어요.

폐렴 때문에요.

저도 폐렴으로 치료받고 어제 병원에서 나왔어요.

저한테 옮으신 건 아니길 바라요.

대통령 할아버지. 병원에서는 착하게 말 들으세요.

그리고 채소를 먹어야 해요!

약도 잘 먹고 주사도 잘 맞으면

8일 만에 다 나을 거예요. 바로 저처럼요.

1973년 7월 12일

사랑을 담아

존 W. 제임스 3세

소망을 담아 보내는 편지 1

어느 날 닉슨 대통령이 폐렴에 걸렸어요.
마침 폐렴으로 입원했다 퇴원한 8살 소년은
아직 앓고 있는 대통령에게 편지를 보냈어요.
"대통령 할아버지, 얼른 나으세요."
8살 꼬마의 솔직한 바람이 담긴 편지에
닉슨 대통령은 무척 기뻐했답니다.

세상일은 단순하지 않아요.
거미줄처럼 이 사람 저 사람,
이 사건 저 사건과 얽혀 있어서
착착 정리해 서랍에 넣기 어려워요.
그럴 때 누군가의 꾸밈없고 솔직한 말이
좋은 위로가 되어 줍니다.

2. 재능을 꽃피우려면 배움이 필요하단다

📩 **제갈량이 아들에게**

제갈량
(181~234)
중국 삼국 시대
촉한의 재상

아들아, 군자는 고요한 마음으로 몸을 닦고

검소하게 살며 덕을 기른단다.

욕심을 멀리하지 못하면 큰 뜻을 세우지 못하고

마음이 평온하지 못하면 뜻을 크게 이룰 수 없어.

학문을 배울 때에는 마음이 고요해야 하고,

재능을 꽃피우려면 배움이 필요하단다.

배움이 없으면 재능을 키울 수 없고

뜻이 없으면 학문을 이루기 어려워.

게으르면 정신을 가다듬을 수 없고

성급하면 마음을 다스리지 못해.

빠르게 흐르는 세월에 나이를 먹는 건 금방이야.

세월이 지나면 의지마저 사라지고,

마침내는 낙엽처럼 시들고 말라 버린단다.

세상에 무엇 하나 남기지 못하게 되는 거야.

그때가 되어서 이룬 것 없이 초가집에서 슬퍼한들

무엇도 되돌리지 못한단다.

소망을 담아 보내는 편지 2

유비가 아낀 참모 제갈량은 촉한의 재상이 되었어요.

제갈량은 황제 다음가는 자리에 있었지만

언제나 욕심 없이 더 넓은 세상을 보았어요.

그는 뒤늦게 얻은 어린 아들이 작은 욕심에 얽매이지 않고

재능을 키워 넓은 세상을 향해 큰 뜻을 펼치길 소망했어요.

그래서 편지 '계자서'를 남겼답니다.

재능은 그냥 주어지지 않아요.

봄에 씨를 뿌려야 가을에 수확하듯,

배워야 할 때 힘써 배워야

재능이라는 열매가 탐스럽게 익는답니다.

3. 여보, 꿈에서라도 나에게 와 줘요
📧 **조선 시대 미망인이 남편에게**

원이 아버님께.

당신은 늘 말했어요.

둘이 머리가 *세도록 살다가 함께 죽자고요.

어찌 나를 두고 당신 먼저 가나요?

*세다 : 머리카락이나 수염 따위의 털이 희어지다.

나와 원이는 누구의 말을 듣고 어찌 살라고

우릴 두고 당신 먼저 가나요?

우리는 함께 누워 말을 나눴어요.

"여보, 남들도 우리같이 서로 어여삐 여기고 사랑할까요?

남들도 정말 우리 같을까요?"

그런데 어찌 나를 두고 가시나요?

당신을 여의고 아무래도 나는 살 수가 없어요.

당신에게 가고 싶으니, 부디 날 데려가 줘요.

당신 향한 마음을 이 세상에서는 잊을 수 없고

이 서러움은 아무래도 끝이 없어요.

내 마음을 어디에다 두어야 할까요?

당신이 그리워 원이와 나는 어찌 살까요?

이 편지를 보고 내 꿈으로 와 줘요.

꿈에서라도 당신의 말이 듣고 싶어 편지를 씁니다.

뱃속의 아이를 낳으면 이 아이는 누구를 아버지라 부르나요.

하늘 아래 이런 아득한 일이 또 있을까요?

당신은 그저 멀리 가 계실 뿐이니 내 마음만 서럽습니다.

편지 보시고 내 꿈으로 와 세세히 말해 주세요.

꿈에서 꼭 만날 거라 믿어요.

내게 몰래 와 주세요.

하고 싶은 말이 끝이 없습니다.

병술년(1586년) 유월 초하룻날
집에서

소망을 담아 보내는 편지 3

1998년의 일이에요.

무덤을 옮기느라 묘를 팠는데

그 안에서 종이 편지와 *미투리가 나왔어요.

'무슨 편지지? 무덤에 웬 미투리일까?'

알고 보니 그 편지는 400여 년 전

사랑하는 남편에게 쓴 원이 엄마의 편지였어요.

첫째 아이와 뱃속의 둘째 아이를 두고 세상을 떠난

죽은 남편에 대한 사랑과 그리움, 슬픔이

편지에 담겨 있었죠.

미투리는 원이 엄마가 남편을 간호하는 틈틈이 만든 것이었어요.

'우리 남편이 미투리를 신고 다닐 만큼 건강해지게 해 주세요.'

이렇게 소망하며 머리카락을 잘라 삼과 함께 엮어

미투리를 만들었지만

남편은 끝내 눈을 감고 말았답니다.

*미투리 : 삼이나 모시, 노 등으로 만든 신.

죽음의 이별은 아득하고 슬픕니다.

가족을 떠나보내는 건 더더욱 아픕니다.

그립고, 보고 싶고, 눈물이 납니다.

상처 입은 조개가 진주를 만들 듯

죽은 사람들은 우리 마음에 진주로 남습니다.

그 진주의 다른 이름은 추억입니다.

추억이 있어 우리는 사랑을 오래오래 간직할 수 있습니다.

4. 써야 할 글이 있기에 괴로움을 참습니다

✉ **사마천이 친구에게**

사마천
(기원전 145?
~기원전 86?)
중국 전한
시대의 역사가

나는 이릉 장군을 감싸다 화를 입었어요.

이릉 장군이 비록 흉노와의 싸움에서 졌으나

용감한 장수라고 말했다가 황제의 분노를 샀지요.

나는 사형을 당하게 되었습니다.

사형에서 벗어나려면 큰돈을 내거나 궁형을 받아야 합니다.

우리 집은 가난하여 재산이랄 게 없었어요.

친구들도, 친척들도 도와주지 않았습니다.

그때 나는 궁형을 택하여 세상의 웃음거리가 되었습니다.

하지만 감옥에서 내가 죽음을 택했던들

아홉 마리의 소에서 털 한 올을 잃어버린 것과 같았을 겁니다.

땅강아지나 개미 한 마리가 사라진 정도였겠죠.

아무도 나를 기억해 주지 않았을 겁니다.

나는 그것밖에 안 되는 사람이었어요.

문왕은 상나라 주왕의 미움을 받아 감옥에 갇힌 적이 있고,

진나라 재상 이사는 한 몸에 다섯 가지 형벌을 받았습니다.

계포 장군은 주 씨네 집에서 노비로 일했지요.

이들은 감옥에 갇히고 벌을 받는 동안

구차하게 목숨을 이어 가며 살았으나

나중에는 모두 이름을 떨쳤습니다.

우리에겐 용감해야 할 때가 있고 비겁해야 할 때가 있습니다.

나는 비록 구차하게 살아남기로 하였으나

죽을 때와 살 때를 어찌 나누어야 할지 압니다.

내가 이렇게라도 살기로 한 까닭은

내 책을 완성해 세상에 남기고자 한 뜻을

이루지 못하고 눈을 감을 수 없었기 때문입니다.

부자로 살았으나 이름 없이 죽은 사람이 한둘이던가요.

자신의 큰 뜻을 책으로 담아낸 사람들만이 이름을 남깁니다.

문왕은 갇혀서도 《주역》을 풀었고

좌구명은 눈이 먼 뒤 역사서인 《국어》를 썼어요.

손자는 다리가 잘린 뒤에도 《손자병법》을 다듬었습니다.

문장으로 자신들을 드러내어 세상에 이름을 남긴 것이죠.

나는 지금 못다 쓴 글을 쓰고 있습니다.

세상에 흩어져 있는 오래된 책과 글을 모두 살펴

나라가 열리고, 성공하고, 실패하고,

무너지는 것에 대해 담고 있습니다.

이 땅에 나라를 처음 세운 황제 헌원씨로부터
오늘날까지의 이야기 130편을 지었습니다.
이것으로 하늘과 땅의 관계를 살피고 세상의 변화를
담고자 했습니다.
내가 이 책을 완성하여 널리 퍼뜨릴 수 있다면
이 고통스러운 벌을 견뎌 낸 보상이 될 것이니
만 번을 죽더라도 후회 한 톨 없습니다.
지혜로운 사람은 내 마음을 알아줄 것이나
평범한 사람은 그렇지 못할 것입니다.
나에게 손가락질하고 수치심을 주겠지요.
나는 황제께 말을 잘못하여 이런 벌을 받았고,
세상 사람들은 나를 웃음거리로 여깁니다.
내가 비록 자신을 가다듬어 이런저런 말을 한들
세상에 도움도 되지 않고
사람들에게 믿음도 주지 못합니다.
도리어 수군거림만 더 커질 뿐입니다.
나에 대한 평가는 죽은 뒤에나 달라질 겁니다.

소망을 담아 보내는 편지 4

사마천은 한 무제의 신하였는데 황제에게 밉보여 사형을 당하게 됐어요.

이때 한나라에서는 사형 대신 궁형을 선택할 수 있었어요.

궁형은 생식기를 잘라 내는 벌입니다.

만약 그대로 사형을 당했다면 사마천의 이름은 세상에서 사라졌을 거예요.

'이대로 죽을 수 없어. 나는 역사서를 완성해야 해.'

사마천은 소망을 이루기 위해 궁형을 선택했고,

사람들의 온갖 비웃음을 견디며 꿋꿋이 역사서를 완성했어요.

사마천은 중국 최초의 역사서 《사기》를 만든 역사학자로

영원히 기억되며 존경받고 있답니다.

세상에는 쓰디쓴 일들이 많이 생깁니다.

속상할 때, 힘들 때, 어려울 때

우리에게는 인내가 필요합니다.

끝이 없는 터널은 없고,

터널 끝에는 늘 빛이 있답니다.

헨리 데이비드 소로
(1817~1862)
미국의 철학자

5. 당신이 사랑하는 일을 따라가세요
✉ **헨리 데이비드 소로가 친구에게**

우리에겐 단순함이 필요합니다.

수학자가 어려운 문제를 어떻게 푸는지 아나요?

문제의 중요한 부분을 남기고,

중요하지 않은 부분은 없애 문제를 단순하게 만들어요.

우리 앞에 놓인 삶의 문제도 단순하게 만들어야 해요.

중요한 것과 중요하지 않은 것을 구분할 수 있어야 해요.

당신의 삶에서 가장 중요한 뿌리가 무엇인지 들여다보세요.

나는 영리하고 계산 잘하는 사람을 몇 명 압니다.

그 사람들은 책상 앞에서 계산하며 대부분의 시간을 보내다

그 앞에서 서서히 낡아 가고 결국 사라집니다.

이 환한 해님 아래서 그렇게 살아야 할까요?

당신의 목표는 무엇인가요?

당신 스스로 무엇을 원하는지 알아야 해요.

나는 내가 가진 신념을 스스로 존중하고,

있는 그대로의 나 자신으로 살고 있어요.

과거는 지나간 기억이고, 미래는 다가올 기대일 뿐이에요.

나는 살아 있는 이 순간을 사랑합니다.

맑은 하늘을 보세요. 해님과 공기 말고 무엇이 더 있던가요.

다른 사람의 잘못을 일깨우고 싶나요?

당신이 먼저 옳은 일을 하세요.

그 사람에게 "내가 잘못했어."라는 말을 들으려고 애쓰지 마세요.

누구나 자기가 보는 대로 믿을 뿐이니,

그가 스스로 자신을 들여다보게끔 해 주세요.

당신이 믿고 있는 바른 삶을 향해 갈 수 있도록

노력하기를 바랍니다.

개가 주인 뒤를 졸졸 따르듯, 당신이 사랑하는 일을 따라가세요.

당신이 바라는 뼈다귀를 찾아 그걸 파내어 보고,

다시 묻고 또 파내세요.

너무 바르기만 한 사람이 될 필요 없어요.

지키지 못하는 것들 때문에 자기를 속이게 되니까요.

작은 일에 얽매이지 말고 더 큰 목표를 찾으세요.

그냥 좋기만 한 사람이 될 필요도 없어요.

당신이 추구하는 무언가를 위해서 좋은 일을 하세요.

당신과 다시 만날 날을 기다립니다.

1848년 3월 27일
헨리 데이비드 소로

소망을 담아 보내는 편지 5

철학자인 소로는 단순하게 지내기를 권합니다.

삶의 문제를 단순하게 만들고

분명한 목표를 세우라고 합니다.

작은 일에 얽매이지 말고

더 큰 목표를 향해 나아가라고 격려하지요.

목표 없이 산다는 건

길을 몰라 헤매는 것과 같아요.

목표를 가지면 지도가 생기고,

그 지도를 따라 길을 찾을 수 있어요.

지도를 보고 길을 찾으며 우리는

자기 자신에 대해 더 잘 알게 된답니다.

인물소개 1

연암 박지원 (1737~1805)

조선 후기의 실학자이자 문장가, 소설가. 북학파의 중심인물로 상공업 진흥과 사회 개혁을 주장했으며 실용적 학문을 강조했다. 사신 일행으로 청나라를 다녀왔고 그 경험을 바탕으로 《열하일기》라는 여행 기록을 남겼다. 조선 사회의 모순을 풍자하고 비판한 《허생전》, 《양반전》, 《호질》 등의 한문 소설을 썼다.

볼프강 아마데우스 모차르트 (1756~1791)

오스트리아의 작곡가. 어릴 적부터 작곡을 시작했고 연주 여행을 다니며 음악 신동으로 이름을 날렸다. 그의 작품은 아름다운 선율과 복잡하면서도 조화로운 구조, 다채로운 감정 표현을 담은 것으로 유명하다. 교향곡, 오페라, 실내악, 피아노 협주곡 등 다양한 장르에서 600곡이 넘는 작품을 남겼다.

표도르 미하일로비치 도스토옙스키 (1821~1881)

러시아의 작가이자 철학자. 젊은 시절 정치적 활동으로 4년 동안 시베리아 유형 생활을 겪은 뒤 작품 세계를 더욱 깊이 있게 발전시켰다. 인간의 심리와 도덕적 딜레마, 인생의 궁극적 목적과 세상의 진리를 탐구하였다. 《죄와 벌》, 《카라마조프가의 형제들》 등의 장편 소설을 남겼다. 현대 문학과 사상에 큰 영향을 끼쳤다.

인물소개 2

찰스 다윈 (1809~1882)

영국의 생물학자. 1831년부터 5년 동안 비글호에 승선하여 남아메리카·남태평양의 여러 섬과 오스트레일리아 등을 항해·탐사했다. 다양한 생물들에 관해 연구했고 이때 수집한 자료를 바탕으로 자연 선택에 의한 진화 개념을 정립했다. 1859년 《종의 기원》을 출간해 진화론을 설명했다. 그의 이론은 현대 생물학의 기초가 되었다.

한스 크리스티안 안데르센 (1805~1875)

덴마크의 동화 작가. 《벌거숭이 임금님》, 《인어공주》, 《미운 오리 새끼》 등의 동화를 썼다. 그 밖에도 소설, 희곡, 시, 여행기 등을 남겼다. 안데르센 이전의 어린이 이야기는 대부분 옛이야기를 변형한 것이었으나, 안데르센은 상상력이 가득한 창작 동화를 만들어 어린이들에게 선물했다. 근대 동화의 아버지라 불린다.

마크 트웨인 (1835~1910)

미국의 대표적인 소설가. 마크 트웨인은 필명이며, 새뮤얼 랭혼 클레먼스가 본명이다. 다양한 사회적 문제에 대해 익살스러우면서도 통찰력 있는 글을 썼다. 특히 미시시피강을 배경으로 쓴 《톰 소여의 모험》, 《허클베리 핀의 모험》 등은 미국 문학사에 중요한 작품으로 평가받는다.

인물소개 3

강정일당 (1772~1832)

조선 후기의 여성 성리학자, 시인. 남편이 과거 준비를 하며 글을 암송할 때 옆에서 바느질을 하면서 글을 따라 외웠다. 남편이 좋은 스승을 만나 공부할 수 있도록 뒷바라지했다. 부부는 토론하기를 즐겼고, 서로를 존경했다. 강정일당이 죽은 뒤 남편이 강정일당의 글을 모아 문집을 냈다.

레오나르도 다빈치 (1452~1519)

이탈리아 르네상스 시대의 대표적인 예술가이자 과학자, 발명가, 도시 계획가, 식물학자, 해부학자이며 그 밖에도 다른 많은 분야를 연구한 인물이다. 피렌체 출신으로 《모나리자》, 《최후의 만찬》 등의 걸작을 남겼으나 완벽을 추구한 그가 완성한 그림은 20점이 넘지 않는다.

바부르 (1483~1530)

인도 무굴 제국의 초대 황제. 중앙아시아 페르가나에서 왕자로 태어났다. 왕위를 상속받은 뒤 사마르칸트를 정복했으나 오래 유지하지 못하고 페르가나마저 잃었다. 떠돌던 바부르는 카불을 점령한 뒤 인도 정복에 나섰고, 그곳에 무굴 제국을 세웠다. 바부르는 페르시아 문화를 인도에 알렸으며, 인도의 문화적 다양성과 융합될 수 있는 기반을 마련했다.

인물소개 4

이순신 (1545~1598)
조선의 해군 장군이자 나라를 구한 영웅이다. 임진왜란 때에 삼도수군 통제사가 되어 왜군과의 전투마다 승리를 거두었으나 억울하게 옥에 갇혔다. 그동안 조선 수군의 배가 왜군에 격파당해 남은 배가 12척밖에 안 되었으나 이순신은 이 배들을 이끌고 명량해전에 나서 일본군의 배 수백 척을 격파했다. 그 후 노량 해전에서 후퇴하는 왜군을 공격해 큰 승리를 거두었으나 이 전투에서 왜군의 총에 맞아 전사했다.

제인 오스틴 (1775~1817)
영국의 여성 소설가. 《오만과 편견》, 《이성과 감정》 등 영국의 중산층을 배경으로 당시 여성들의 사랑과 결혼에 대한 통찰을 담은 소설을 썼다. 세밀한 관찰력으로 사회적 활동이 어려웠던 당시 여성의 상황과 고민을 섬세한 심리 묘사와 재치 있는 문체로 표현했다. 셰익스피어와 함께 영국인에게 가장 사랑받는 작가 중 한 명이다.

미켈란젤로 부오나로티 (1475~1564)
르네상스를 대표하는 이탈리아의 조각가이자 화가, 건축가, 시인이다. 《다비드》, 《피에타》 등 조각에 깊은 감정과 아름다움을 담아냈다. 교황의 명령으로 그린 시스티나 성당의 벽화는 서양 미술사의 걸작으로 평가받는다.

인물소개 5

예카테리나 2세 (1729~1796)
러시아 제국 표트르 3세의 황후이자 여황제. 계몽사상을 바탕으로 계몽 군주라 불리며 러시아를 강대국으로 성장시켰다. 행정, 교육, 법률 제도를 개혁했으며 예술과 문화 발전을 후원했다. 그러나 귀족들의 권한을 확대하고 농노제를 강화하여 농민들의 삶을 더욱 어렵게 만들었다는 평가를 받는다.

로버트 풀턴 (1765~1815)
미국의 기술자이자 발명가. 잠수함 노틸러스호를 만들어 수중 항해에 성공했지만, 당시 기술적 한계가 있어 군사적으로 쓰기에는 부족했다. 이후 증기선을 발전시켜 1807년 항해에 성공했고 이 일로 상업용 증기선의 시대가 열렸다. 그의 증기선은 상업적 운송 혁명에 중요한 역할을 했다.

마리아 테레지아 (1717~1780)
오스트리아 합스부르크 공국의 여성 통치자. 합스부르크 왕가의 남자 혈통이 끊어지자 합스부르크 왕가 최초의 여성 통치자가 되었다. 교육을 중요하게 여겨 전국에 초등학교를 만들고 의무 교육을 시행했으며, 군대를 현대화하고 지방 왕국들과의 경제 발전을 위해 노력했다.

인물소개 6

마리 앙투아네트 (1755~1793)
프랑스 왕 루이 16세의 왕비. 마리아 테레지아의 막내딸로 프랑스 왕 루이 16세와 결혼했다. 왕비로 있는 동안 프랑스의 경제가 크게 나빠져 많은 농민과 노동자들이 굶주림을 겪었고 불만이 폭발하며 프랑스 대혁명이 일어났다. 이때 국왕 가족이 붙잡혔고 루이 16세와 마리 앙투아네트는 단두대에서 처형되었다.

정조 (1752~1800)
조선의 제22대 왕. 영조가 할아버지이고, 사도세자가 아버지이다. 탕평책을 강화해 균형 있는 정치를 펼치고자 노력했다. 규장각을 설치하고 초계문신제를 시행해 젊은 문신들을 키우며 학문을 발전시켰다. 상공업을 장려하고 농업을 보호해 경제 안정과 발전을 위해 노력했다. 이 시기 조선의 문화와 예술이 크게 발전했다.

심환지 (1730~1802)
조선 후기의 문신. 노론 벽파의 지도자였다. 정조가 죽은 뒤 정조의 개혁 정책을 되돌리는 데 앞장섰고, 천주교에 대한 박해를 지지했다. 오랫동안 정조와 적대적인 관계로 알려졌으나 정조와의 비밀 편지를 모은 어찰집이 2009년에 발견되며 심환지가 정조와 비밀리에 협력했다는 사실이 밝혀졌다.

인물소개 7

임칙서 (1785~1850)
청나라 말기 정치가. 당시로는 드물게 청렴하고 유능하여 청나라의 개혁을 위해 노력했다. 황제의 명으로 아편의 온상인 광저우에 파견되어 영국 상인들의 배에서 아편을 몰수해 태우고 아편을 팔지 못하도록 강력히 금지했다. 농민들이 일으킨 태평천국의 난을 진압하기 위해 가던 중 병으로 눈을 감았다.

소(小) 플리니우스 (61?~113?)
로마제국의 법률가이자 행정가. 정직하고 온화한 사람으로 알려졌다. 삼촌인 대(大) 플리니우스가 베수비오 화산 폭발 때 어떻게 죽었는지 생생한 편지글로 남겼다.

대(大) 플리니우스 (23~79)
로마제국의 정치인이자 군인, 작가. 자연을 아우르는 백과사전《박물지》를 썼다. 37권에 이르는 이 책에는 천문학, 수학, 지리학, 인류학, 동물학, 식물학, 광물학, 조각, 회화, 보석 등 방대한 분야의 글이 실려 있다. 그는 베수비오 화산 폭발을 조사하러 갔다 가스를 마시고 목숨을 잃었다.

인물소개 8

새뮤얼 피프스 (1633~1703)
영국의 관리이자 정치인. 해군 행정가로 일을 하며 1665년에 일어난 페스트와 1666년에 일어난 런던 대화재 등 당시의 중요한 사건들을 생생하게 일기로 기록해 남겼다. 그의 일기는 당시 사회의 모습과 일상적인 사건이 어우러져 중요한 역사 연구 자료로 쓰이고 있다.

메리 워틀리 몬터규 (1689~1762)
영국의 여성 시인 겸 편지글 작가. 터키 대사의 아내로 터키에 있는 동안 콘스탄티노플(지금의 이스탄불)에서 겪은 일들을 편지로 상세하게 썼고, 훗날 그 편지글을 모은 책이 출간되어 찬사를 받았다. 그는 콘스탄티노플에서 천연두를 예방하는 인두법의 효과를 확인하고 아들과 딸에게 예방 접종을 시켰으며 영국에 인두법을 전파했다.

메리 울스턴크래프트 (1759~1797)
영국의 여성 작가이자 철학자. 여성의 인권을 높이기 위해 노력했다. 《여성의 권리 옹호》를 출간해 여성의 권리와 자율성에 대해 이야기했으며 여성도 남성과 동등하게 교육을 받아야 함을 알렸다.

인물소개 9

샬롯 브론테 (1816~1855)
영국의 여성 소설가. 자매인 에밀리, 앤과 함께 《제인 에어》를 썼다. 이 책은 순종하고 인내하는 여성을 이상적으로 여겼던 당시의 시대상에서 벗어나 여주인공이 의지와 독립성을 가지고 고난 속에서 성장하며 자아를 발견해 나가는 모습을 담고 있다. 에밀리와 앤이 결핵으로 세상을 떠난 뒤에는 홀로 《셜리》, 《빌레트》를 발표했다.

리처드 닉슨 (1913~1994)
미국 제37대 대통령. 대통령으로 있는 동안 중국, 소련과 관계를 개선하며 냉전의 완화를 위해 노력했다. 환경 문제를 해결하기 위해 환경보호청도 세웠다. 그러나 1972년 민주당 본부에 도청 장치를 설치하고 이 일을 숨기려 한 사실이 드러났다. 이것이 '워터게이트 사건'이며, 닉슨은 그 책임을 지고 1974년 대통령직을 스스로 사임했다.

제갈량 (181~234)
중국 삼국 시대 촉한의 재상. 제갈량을 책사로 삼기 위해 세 번이나 제갈량의 집을 찾았다는 유비의 일화가 유명하다. 뛰어난 전략가로 유비의 책사가 된 제갈량은 유비를 도와 촉한을 세웠다. 유비의 아들 유선이 황제에 오른 뒤 북벌에 나섰으나 성과를 얻지 못하고 병으로 눈을 감았다.

인물소개 10

사마천 (기원전 145~기원전 86)
중국 전한 시대의 역사가이자 관리. 아버지 사마담의 뒤를 이어 중국 최초의 역사서인 《사기》를 집필했다. 《사기》는 고대 헌원씨로부터 한나라 무제의 시대까지 다루고 있으며, 이후 중국의 역사서에 많은 영향을 끼쳤다. 사마천은 '중국 역사가의 아버지'라고 불린다.

헨리 데이비드 소로 (1817~1862)
미국의 철학자이자 작가. 자연과 인간의 관계를 탐구하며 단순하고 독립적으로 살고자 했다. 그의 책 《월든》에는 매사추세츠주의 월든 연못 근처에서 2년여 동안 자급자족으로 살아간 경험이 들어 있다. 소로는 에세이집 《시민 불복종》에서 부당한 법에 저항하는 개인의 도덕적 책임을 주장했다. 환경 보호에도 깊은 관심을 가졌다.